Louis Locher-Ernst / Geometrische Metamorphosen

Louis Locher-Ernst

Geometrische Metamorphosen

Beiträge zu einer
geisteswissenschaftlichen Metamorphosenlehre

Herausgegeben von der
Mathematisch-Astronomischen Sektion am Goetheanum

Philosophisch-Anthroposophischer Verlag am Goetheanum
Dornach (Schweiz)

Einbandzeichnung von Werner Kehlert

Buchdruckerei Paul Gehring, Winterthur
Printed in Switzerland

Inhalt

Vorwort

Es war Louis Locher-Ernst nicht vergönnt, seine Untersuchungen zum räumlich-gegenräumlichen Erfassen der Welt und der Gestalt-Umwandlung im besonderen, die in viele mögliche Anwendungen reichen, weiterzuführen und die zum Teil an schwer zugänglichen Orten publizierten Aufsätze zusammenzufassen. So entstand der Wunsch nach einer neuen Ausgabe der zusammengehörigen Schriften. Dieser Wunsch führte zur höchst erfreulichen Initiative von Ernst Ulrich Schuberth, der sich auch dankenswerterweise für die mit einem Neudruck verknüpften Arbeiten zur Verfügung stellte.

Die Mathematisch-Astronomische Sektion erfüllt mit der Herausgabe dieser Aufsätze, denen andere Schriften folgen sollen, eine Dankespflicht gegenüber dem langjährigen Leiter und Förderer ihrer Arbeit. Es sei hier auch der Dank für die Genehmigung dieser Ausgabe an Frau A. Wälti-Locher ausgesprochen.

Möge dieser Band über den Rahmen der speziell interessierten Mathematiker hinaus auch bei Medizinern, Lehrern und Naturwissenschaftlern die ihm gebührende Beachtung finden.

Mathematisch-Astronomische Sektion am Goetheanum
Dr. Georg Unger

Einleitung

Es wird in diesem Band eine Reihe von Aufsätzen wieder veröffentlicht, die als Beiträge von *Louis Locher-Ernst* zur Metamorphosenlehre betrachtet werden dürfen. Den eigentlich mathematischen Aufsätzen werden dabei im ersten Teil Darstellungen vorangestellt, die sich wesentlich auch an Nichtmathematiker wenden. Sie zeigen, welche allgemeinen Fragen zu den Untersuchungen führten und geben diesen einen über das nur Fachmathematische hinausgehenden Sinn. Speziell Mediziner und Naturwissenschaftler, die mit den Aufgabenstellungen *Rudolf Steiners* vertraut sind, werden unmittelbar die Fruchtbarkeit der entwickelten Vorstellungen empfinden. Alle Umwandlungen, die durch «Umstülpungen» hindurchgehen, werden durch sie neu beleuchtet und begrifflich schärfer gefaßt. Im Sinn der Arbeiten von *George Adams* und der vor allem in dem Buch «Raum und Gegenraum» von *L. Locher-Ernst* entwickelten Anschauungen handelt es sich darum, Transformationen zu finden, die zwischen polaren Formen vermitteln. Dabei ergibt sich auch ein Verständnis für den Zusammenhang von Gestalten, die sachgemäß nicht durch stetige räumliche (reelle) Transformationen auseinander hervorgehend gedacht werden können. Mathematisch läßt sich dieser Zusammenhang durch den Übergang in das Imaginäre finden. Dieses hat sein geometrisch wichtigstes Bild in gewissen koordinierten Bewegungen (gerichtete Involutionen), so daß die durch das Imaginäre verlaufenden Transformationen auch als Übergang zu sich verwandelnden Bewegungsformen angesehen werden können. Hierin liegt eine außerordentlich wichtige Erweiterung des geometrischen Vorstellens. Es ist damit fast selbstverständlich, daß ein bloßes Zur-Kenntnis-Nehmen der formalen Beziehungen den eigentlichen Absichten dieser Aufsätze nicht gerecht wird. Die genannte Erweiterung kann sich nur aus dem wiederholten Umgang mit den beschriebenen Umwandlungsprozessen ergeben. Bei einer systematischen Schulung lassen sich verschiedene Stufen unterscheiden:

1. Entwicklung der projektiven Denkweise,
2. Einleben in polare Raumgestaltungen derart, daß das zunächst nur formal berücksichtigte Dualitätsgesetz im Sinne von «Raum und Gegenraum» inhaltlich erfüllt wird,
3. Ergänzung der reellen Elemente durch die imaginären (von Staudtsche Theorie),
4. Übergang zu nichteuklidischen Geometrien.

Die anthroposophisch orientierte Geisteswissenschaft, aus der heraus diese Arbeiten angeregt wurden, muß sich in ihren Darstellungen auf Gedankenformen stützen, die im gewöhnlichen Bewußtsein ausgebildet werden. Da unser Denken

9

heute weitgehend vom mathematisch-naturwissenschaftlichen Denken bestimmt ist, dürfte es von besonderer Bedeutung sein, daß hier von seiten der Mathematik zu einer Erweiterung der uns gewohnt gewordenen Vorstellungen angeregt wird. Das Verhältnis zu den Ergebnissen der Geisteswissenschaft muß dabei richtig gesehen werden: In keinem Falle sollen irgendwelche geisteswissenschaftliche Aussagen bewiesen oder allegorisch dargestellt werden. Es sollen aber Gedankenformen bereit gestellt werden, die solche Aussagen wirklich *denkbar* machen. Speziell werden die von der Geisteswissenschaft beschriebenen Umwandlungen genauer faßbar, denen die leibgestaltenden Kräfte zwischen zwei Inkarnationen einer menschlichen Individualität unterworfen sind.

Diese Andeutungen mögen zeigen, daß es sich hier nicht um irgendwelche menschlich belanglosen mathematischen Spezialfragen handelt, sondern daß in mathematischer Sprache Gedanken entwickelt werden, die unmittelbar eine allgemeinere Bedeutung haben. Es ist wohl kein gutes Zeichen, wenn heute vielfach jede mathematische Betrachtungsweise dort zurückgewiesen und als Angelegenheit von Spezialisten angesehen wird, wo es um menschliche Fragen geht. Lebt doch während der mathematisierenden Tätigkeit der Gedanke in einer Sphäre, in der Sympathie und Antipathie zunächst verstummen müssen. Damit erhält er die Möglichkeit, sich in seinem wahrhaften Charakter zu offenbaren. Er ist dann nicht mehr Geschöpf der Wünsche und Empfindungen, sondern wird selbst zum Schöpfer eines belebenden Fühlens. Wer ein solches Leben nicht finden kann, sollte die Ursache nicht in der Mathematik suchen. Nur wer gewohnt ist, allein an sinnlich Gegebenem Gedanken und Empfindungen zu entwickeln, kann hier bloße (abstrakte) Schemen sehen.[1]

Anmerkung: Dem ersten Teil wurde auch eine bearbeitete Nachschrift eines Vortrages über das Thema «Licht, Form und Raum» eingefügt. Zumal die Nachschrift lückenhaft ist, konnte dies nur mit erheblichen Bedenken geschehen. Die Bedeutung der Ausführungen für das allgemeine Verständnis der Transformationen veranlaßten jedoch die Herausgabe. Es ist dabei versucht worden, den lebendigen Vortragsstil nicht zu stark zu verändern. In jedem Fall muß berücksichtigt werden, daß für eventuelle Fehler nur der Herausgeber verantwortlich sein kann. Die Zeichnungen wurden dem Text entsprechend unter Zuhilfenahme einiger erhaltener Skizzen eingefügt.

Dr. Ernst Schuberth

Grundriß einer Metamorphosenlehre

Suchen wir, wo im Geistesleben der Neuzeit — in der dem Zeitalter der Bewußt-seinsseele[2] angemessenen Form — die ersten Vorstöße in das Gebiet der Meta-morphosen gemacht wurden, so finden wir zwei Quellen: *Goethes* Metamorphosen-lehre, gewonnen an der Pflanzenwelt, und die zu Beginn des 19. Jahrhunderts durch *J. V. Poncelet, J. Steiner* und andere Mathematiker entwickelte projektive Geometrie. Die beiden Strömungen verliefen im 19. Jahrhundert völlig getrennt. Die Vertreter der einen Strömung wußten kaum davon, was aus der anderen Quelle entsprang. Während die eine, *Goethes* Metamorphosenlehre, gewisse enge Grenzen nicht über-schreiten konnte und, angewendet auf die menschliche Gestalt, im Grunde keine durchgreifenden Ergebnisse zeitigen konnte, wurde die in der Mathematik zutage getretene Idee der Formenverwandlung zwar außerordentlich weitgehend verfolgt, aber abstrakt einseitig, in fein geschliffenen Theorien entwickelt, ohne Interesse für die gesamte Umwelt. Mit dieser Bemerkung soll nicht etwa ein abfälliges Urteil gesprochen sein über die Bedeutung dieser ersten Quellen. Wir können aber heute sagen, daß das auf so ganz verschiedenen Gebieten bedeutsam Veranlagte, in die Zukunft Weisende, erst dann offenbar wird, wenn sich die beiden Quellen vereinigen. Erst durch das Aufnehmen und Verarbeiten der von *Rudolf Steiner* gebrachten Geisteswissenschaft wird dies im Laufe dieses Jahrhunderts möglich werden. Wäh-rend in der Mathematik zunächst das ganze Interesse auf die Ausgestaltung der Ideen über die Transformation der geometrischen Gebilde gerichtet ist, verliert sich der Vertreter der anderen Richtung mehr in der Hingabe an die tausendfältige Welt der Erscheinungen. Über der einen Quelle webt die Stimmung des Platonikers, die andere fließt aus der Stimmung des Aristotelikers. Die Ausgestaltung der Meta-morphosenlehre ist eine Tätigkeit, in der sich Platoniker und Aristoteliker finden können. Hier kommt keiner von beiden ohne den anderen weiter. In den beiden genannten Ansätzen lebt die Aufforderung, zwei lange getrennte Entwicklungsströ-mungen miteinander zu vereinigen — einer gemeinsamen Blüte entgegen. Man kann heute schon erahnen, welche wunderbaren Leistungen daraus entspringen werden.

Verschiedene Anzeichen zeigen, daß es insbesondere auch eine Aufgabe des Gei-steslebens von Mitteleuropa ist, diese Vereinigung in Angriff zu nehmen. Das west-liche Geistesleben ist mehr geneigt, sich den einzelnen Formen zu widmen, vielleicht auch durch die einzelnen Formen gebannt zu werden; das östliche Geistesleben fühlt sich stark im Auflösen der Formen, es kann auch von Eruptionen überwältigt werden. Die Mitte kann in einer umfassenden Metamorphosenlehre den Ausgleich finden. Die

Mitte darf dem Osten sagen, daß der Westen zwar recht hat, aber dem einzelnen nicht die wahre Bedeutung zukommen läßt.

Die Metamorphosenlehre läßt sich von mancherlei Gesichtspunkten her darstellen. Man kann zum Beispiel als Grundriß den folgenden Plan wählen:

1. Formen und Bewegungen; geistig, seelisch und physisch. Die beiden Hierarchienbereiche.
2. Metamorphose geistiger Formen: Gut und Böse. Gott-gewollt — in Freiheit gestellt.
3. Metamorphose seelischer Formen: Liebe und Haß. Geist-bewegt.
4. Metamorphose räumlicher Formen: Ätherische und physische Welt. Kräftebedingt.
5. Metamorphosen, die sich über verschiedene Bereiche (geistige, seelische, räumliche) erstrecken.
6. Metamorphosen der menschlichen Gestalt.
7. Das Drama: Die in die menschliche Freiheit gestellte Metamorphose.

Im folgenden seien einige Gedanken zu diesen Kapiteln skizziert. Für einen Vortrag kann es sich dabei nur um wenige Andeutungen handeln. Wir haben uns zunächst Klarheit darüber zu verschaffen, was Metamorphose ist. Vor allem sind hier deutlich abzugrenzen *Metamorphose* und *Variation*. Variation ist eine Modifikation der Form, ohne diese wesentlich zu verändern. Die modifizierenden Kräfte greifen nicht in das Grundgefüge der Form ein. Jedermann kennt die Variationen eines Gedankens, der durch Jahre hindurch immer wieder auftritt. Jedermann weiß auch, wie schwer eine Fortentwicklung, eine wirkliche Metamorphose eines Gedankens ist. Unbegrenzt mannigfaltig sind die Variationen des Hasses. Beglückend sind die Variationen des freundschaftlichen Mitgefühls. Am schönsten zeigt sich die Variation in der Musik. Die musikalische Form ist — wie die seelische Form — fast unbegrenzt empfänglich, Modifikationen anzunehmen. Hier ist es möglich, daß an ein und derselben Grundform die allerverschiedensten Stimmungen angehaucht erscheinen. Die modifizierenden Kräfte können derart in den Vordergrund treten, daß sie die Form unwichtig erscheinen lassen. Das konnte *Beethoven*. Er vermochte es, die Modifikation geradezu zur Hauptsache werden zu lassen, derart, daß eine fast nichtssagende Form von großer Tragik umwittert erklingt (Beispiel: Diabelli-Variationen, op. 120). Eigentliche Metamorphosen in der Musik gibt es noch wenige. Ein großartiges Beispiel dafür sind die Hauptthemen der drei d-moll-Hauptwerke der bisherigen abendländischen Musik: *Bachs* Kunst der Fuge und die neunten Symphonien von *Beethoven* und *Bruckner*. Warum haben die Musiker uns noch keine Übungen geschenkt, die ein Thema metamorphosierend, nicht nur variierend, durch den Kreis der Tonarten führen?

Ohne daß wir uns auf eine starre Definition festlegten, ist die Abgrenzung zwischen Metamorphose und Variation wohl hinreichend charakterisiert. Neben dieser Unterscheidung ist noch eine andere zu beachten. Ein Tatsachenbereich kann völlig verwandelt erscheinen durch die *Änderung des Gesichtspunktes;* diese Art Verwandlung darf nicht verwechselt werden mit einer Metamorphose innerhalb des Tatsachengebietes selbst. Nur ein Beispiel: Wer kennt nicht die wundersame Frühlingsstimmung der sprossenden Pflanzenwelt und des wachsenden Lichtes. Von einer anderen Seite her erfühlt, lebt darin auch die Arbeit der Menschen, die nicht von einem physischen Leibe umschlossen sind. Ein echtes Frühlingslied bringt uns die Toten näher. Zwischen Geburt und Tod genießen wir die Tätigkeit der Pflanze, die unsere Atemluft reinigt; zwischen Tod und neuer Geburt arbeiten wir im Lichte mit am Aufbau der Pflanze.

Nachdem wir die Metamorphose gegenüber der Variation und der Änderung des Gesichtspunktes abgegrenzt haben, ist es noch nötig, die Begriffe Metamorphose und Entwicklung richtig zu verbinden. Das Überblicken einer Reihe zusammenhängender Formen — es kann sich um rein geometrische Formen, um die Folge Keimblatt, Blatt, Kelch- und Blütenblatt oder um aufeinanderfolgende Stadien der Entwicklung des menschlichen Auges handeln — gibt Anlaß, die zugrunde liegende Gesetzmäßigkeit zu suchen, die einzelnen Glieder durch das Denken in einen ideellen Zusammenhang zu bringen, kurz, die Formenfolge zu begreifen. Aus dem an einem einzigen Gliede der Reihe gewonnenen Begriff läßt sich durch logisches Schließen nichts über die folgenden Glieder aussagen. Es ist die Kenntnis der Bestimmung erforderlich, *wie* die Umformung stattfindet. Allerdings, wenn dieses Wie bekannt ist, vermag man aus der einzelnen Form alle weiteren Möglichkeiten vorauszusagen.[3] Die Entwicklung eines Wesens wird sichtbar in der Metamorphose der Formen, die das Wesen annimmt. In allen Bereichen, wo Formen auftreten, ist die Entwicklung mit der Metamorphose verbunden. Nimmt man noch den Begriff «vollkommen» hinzu, so wird man diejenige Form als die vollkommenste ansprechen, in der sich das die Form annehmende Wesen am reinsten offenbart. Freilich ist dies eine Aussage, die noch der näheren Bestimmung bedarf.

Was ist nun eigentlich eine *Form?* Es ist nicht leicht, dies ohne weiteres zu sagen. Wir versuchen uns der Sache so zu nähern, daß wir prüfen, wie wir Formen erleben. Die Kreisform der Vollmondscheibe wird nicht vom Sehsinn, dem Organ für das Farbenwahrnehmen, erfaßt. Es ist dazu die Tätigkeit der Augenmuskeln nötig. Um irgendein bestimmt geformtes Blatt mit dem entsprechenden Formbegriff zu verbinden, muß das Bewegungsspiel vieler Muskeln, in erster Linie der verschiedenen Augenmuskeln, stattfinden. Die Beziehung zwischen Seh- und Bewegungssinn gibt Anlaß, hier auf bedeutungsvolle Metamorphosen hinzuweisen, die in der jüngsten Zeit in der Verbindung zwischen Seele und Leib eingetreten sind. Im Laufe des 19. Jahrhunderts haben sich Formen- und Farbenwelt für das menschliche Erleben gesondert. Damit ist einerseits die Möglichkeit gegeben, daß der heutige Mensch in vollkommen neuer Weise Formen aus Farben schaffen kann, anderseits sind auch die Abwege offen, im Formenbereich gebannt zu bleiben (woraus ja eine sonderbare Kunst gemacht wird) oder in die Farbenwelt zu entschweben. Die entsprechende Veränderung im Gebiete des Mathematischen bestand in der Trennung von Logik und mathematischem Inhalt. Diese früher undenkbare Trennung erlaubte, verschiedenste Tatsachenbereiche mit denselben Begriffsverbindungen logisch zu durchdringen; sie kann, ohne Gegenwehr, aber auch in abstrakte Öde führen. Auf dem Gebiet der Sprache macht sich eine entsprechende Metamorphose erst in den Anfängen bemerkbar: die Lösung zwischen Laut- und Begriffssinn. Die Beschäftigung mit diesen Umwandlungen führt zu tief ergreifenden Bildern: Menschen, dem Irrsinn verfallen, lallend, die Sprachkräfte einseitig handhabend, ohne den ergänzenden Begriffssinn, vom tierischen Trieb beherrscht. Anderseits diejenigen, welche wohl logisches Gespinst in ungeheurer Klugheit erzeugen, jedoch den Zusammenhang mit dem wirkenden Laute verloren haben. Deshalb ist es von außerordentlicher Bedeutung, daß heute Dichter — wie *Albert Steffen* — das Himmelsspiel der reinen Laute wohl pflegen, aber dieses auch vom Erkenntnislicht durchkraften lassen, damit das Himmelsspiel nicht dem Tier überantwortet werde.

Kehren wir zum Formen-Erleben zurück. Im Verfolgen von Linienzügen, von Umrissen, können wir mit dem wachen Bewußtsein sozusagen «mitmachen». Die zweidimensionale Form, ein geformtes Flächenstück, läßt sich nur im fühlenden Bewußtsein ergreifen. Um dies zu erkennen, versuche man nur einmal, unter Verzicht auf eine Farbvorstellung, ein Flächenstück in das Wachbewußtsein hereinzunehmen. Auch eine dreidimensionale Form bringen wir nur so ins Bewußtsein, daß wir sie mit Farbe versehen; genau gesprochen kommen auf diese Art sogar nur verschiedene flächenhafte Aspekte der Raumform zustande. Um das Dreidimensionale zu erfassen, müssen wir einen Teil von uns selbst in die Leere hinaus ergießen, was nur der Wille kann. Zum Wahrnehmen von irgendwelchen Formen, seien es linien- oder flächenhafte oder körperliche, ist jedenfalls immer ein gewisses *Nachschaffen* nötig. Beim Formen-Erleben werden wir damit an die Sphäre der Wesen der zweiten Hierarchie erinnert, deren Dasein im «Selbsterschaffen» («wie einen Abdruck seiner selbst schaffen, sich selber in einer Art von Bild objektiv machen») und in der «Lebenserregung» besteht. [4] Um eine Form uns gegenwärtig zu machen, müssen wir sie nachschaffen. Es spielt sich hier im Menschen ein Vorgang ab, der auf höhere Daseinsstufen hinweist. (Deshalb ist es von so großer Wichtigkeit, welche Bilder einem Kinde als seine tägliche Umgebung geboten werden. Oder, um ein anderes Beispiel zu nennen, allein die Tatsache, daß die Formen des Goetheanumbaues in vielen Menschen leben, hat intime, aber weitreichende Wirkungen.)

Einige Besinnung zeigt uns nun, daß eine «Form» ursprünglich selbstverständlich nichts Sinnliches ist. Im Erleben der Formen, deren Nachschaffen uns zum Beispiel ein Blick in die Natur veranlaßt, sind wir im Geistigen der Natur darinnen, nur kommt uns von diesem Erleben wenig in das wache Bewußtsein. Das lehrt schon die folgende einfache Bemerkung: Es gibt im Wachbewußtsein eine deutliche Farben-Bildvorstellung, auch eine Tonvorstellung, hingegen kann man Formen, ohne Farben zu Hilfe zu nehmen, nicht «vorstellen». Einigermaßen unmittelbar faßlich sind noch die Linienzüge, deren Verlauf, wie schon bemerkt, wir voll mitmachen können.

Überall, wo wir von Formen sprechen können (musikalische Form, Versform, räumliche Formen, Gedankenformen), zeigt sich die Form als ein bestimmtes Stadium eines Vorganges, der durch die Folge Wille — Weisheit — Bewegung — Form angedeutet wird. Der Entstehung einer elliptischen Form geht voran der Wille, nach einem bestimmten Gesetz etwas zu tun, die Tätigkeit (die Bewegung) liefert als Ergebnis die Form. Diese stellt immer eine abschließende Verobjektivierung dar. Es kann dabei eine reine Gedankenform sein.

Von den bloß technischen Formen abgesehen, nehmen wir, in der Welt der Formen lebend, Anteil am Außensein der Wesen der zweiten Hierarchie; in der Metamorphose der Formen dürfen wir ihr Innensein erahnen. —

Zählen wir jetzt einige Elemente des *Formens* und damit auch des Metamorphosierens auf. Für das Linienhafte haben wir erstens das *Richten* (R, in einer Geraden fortschreiten), zweitens das *Kreisen* (in einem Kreise sich bewegen), drittens das *Spitzen* (einen spitzen Winkel bilden), viertens das *Brechen* (einen stumpfen Winkel durchlaufen), fünftens das *Involvieren* (I, einen Kurvenbogen mit ständig wachsender Krümmung beschreiben), sechstens das *Evolvieren* (E, einen Kurvenbogen mit ständig abnehmender Krümmung beschreiben).

Das Kreisen ist somit ein Ausgleich zwischen Involvieren und Evolvieren.

Bei einem stetig gekrümmten, nicht kreisförmigen ebenen Oval tritt notwendig mindestens zweimal die Folge der beiden letztgenannten Elemente auf.

Man merkt bald, daß die verschiedenen Formen in erster Linie vom *Richten* her ihren Charakter erhalten. Das soeben herangezogene Oval ändert seinen Charakter nicht, wenn wir es etwas lang ziehen (das ist nur eine Variation). Erst wenn wir ihm irgendwo eine Einbuchtung geben, erhält die Form ein anderes Gesicht. Bei dieser Einbuchtung treten aber notwendig zwei richtende Geraden auf, die Wendetangenten, an den Stellen, wo die Krümmungsrichtung ändert. Hier findet ein Wechsel von E und I statt, aber derart, daß im Übergangspunkt die Krümmung Null ist.

Die reinste Ausprägung der Reihenfolge E-R-I ist die S-förmige Doppelspirale, wobei dem «S» unten und oben unbegrenzt viele Windungen zu geben sind. Zu beachten ist der Umstand, daß man diese Grundform nur erhält, wenn man mit dem Evolvieren beginnt. (Die Folge I-R-E führt zu anderen Formen.)

Wechselt man rhythmisch zwischen Involvieren und Evolvieren ab, wobei jeweils der Übergang vom E zum I durch ein Richten (eine Wendetangente) stattfindet (also IERIER...), so erhält man als eine der Grundformen die fortschreitende Acht. Wählt man dabei die Wendetangenten derart, daß diese alle nahezu in dieselbe

Gerade fallen, so ergibt sich, bildlich gesprochen, die Folge Stengel, erstes Blatt, Stengel, zweites Blatt usw. Diese in der Ebene gezeichnete Form muß räumlich richtig erweitert werden, damit der Vergleich mehr als nur ein Bild gibt.

Wie sehr das Richten den Formcharakter bestimmt, möge man folgenden Beispielen (a, b) ablesen, wobei also insbesondere die Lage der richtenden Geraden zu verfolgen ist. Die eine Form sagt: Ich habe etwas und schenke es dir. Die andere: Ich habe etwas und behüte es selbst. (Es ist anregend, durch Änderung der zwei richtenden Geraden die verschiedenen Formen und deren Übergänge auszuschöpfen; der Zeichnung rechts ist zu entnehmen, welche Mannigfaltigkeit bei zwei Richtgeraden noch offensteht.)

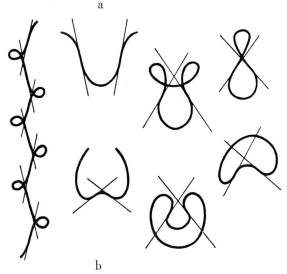

a

b

Figur 1

In der Beschäftigung mit diesen Gesetzen erwacht ein ungeheures Interesse für die Gestaltung der Blattränder. Es ist schwer, dafür Worte zu finden. Ich darf es vielleicht in der folgenden Form tun: Wenn man mit den zwölfjährigen Kindern die Grundprinzipien der linearen Formung, Kreisen, Richten usw. besprochen hat, so könnte man ihnen gegen den Herbst hin einmal sagen: Bringt mir morgen schöne Blätter verschiedener Art mit; wir werden daran lernen können, wie die Götter schreiben.

Als Prinzipien der räumlichen Formung erwähne ich die folgenden drei:

Erstens das Eben-Sein, zweitens die Schalung, drittens die Sattelung.

Bei der Schalung hat die berührende Ebene nur einen einzigen Punkt mit der Fläche gemeinsam, während bei der Sattelung sich zwei Kurven ergeben, die in der Nachbarschaft des betrachteten Punktes als sich kreuzende Strecken betrachtet

werden dürfen. (In der Figur links ist angedeutet, wie eine Sattelung durch Umformung eines ebenen Rechteckes entsteht.) Eine Röhrenform, die an den beiden
Enden etwas weiter ist als in der Mitte, zeigt überall die Sattelung. Das sind natürlich
altbekannte Dinge. Ich erwähne sie, um hier auf etwas außerordentlich Wichtiges
aufmerksam zu machen. Zunächst ist zu bemerken, daß diejenigen Flächenformen,
welche Sattelungen aufweisen, also einen gewissen Anteil an sich kreuzenden Geraden haben, in sich aktiv wirken. Die Schalung hat diese Aktivität nicht mehr in
sich. Nun besteht aber die Tatsache, daß zum Beispiel die Kugeloberfläche (die
reinste Ausprägung der Schalung) auch von sich kreuzenden Geraden überdeckt ist
wie die Flächenform links in der Zeichnung. Nur sind diese Geraden — mathematisch gesprochen — imaginär, das heißt aber, diese Geraden bleiben im Astralen.[5]
Damit ist die fundamentale Erkenntnis mathematisch exakt illustriert, daß dasjenige,

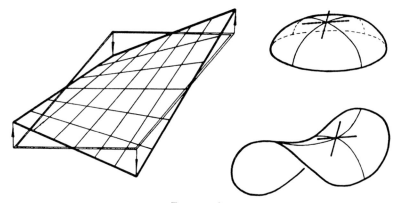

Figuren 2 bis 4

was im Gliedmaßensystem, den Röhrenknochen als Repräsentant genommen, unmittelbar aktiv wirksam ist, im Haupte zurücktritt; die gewölbten Schädelknochen
stellen eine Art Aussonderung dar, welche das Astralische nicht mehr unmittelbar in
sich, sondern außer sich wirksam enthält.

Das, worauf die Mathematik als die imaginären Geradenscharen auf der Kugel-
fläche (Entsprechendes gilt allgemein für Schalungen) gestoßen ist, was bloß formal
in engsten Fachkreisen getrieben wird, erhält so höchstes Interesse. Ist einmal dieser
Gesichtspunkt gewonnen, so weiß man, daß Mathematik manches aus der geistigen
Forschung nicht nur bestätigen, sondern in exaktester Weise auch illustrieren kann.
Es ist außerordentlich interessant, im einzelnen zu verfolgen, wie bei Formumwand-
lungen sich die Beziehungen des räumlich Erfaßbaren zum Astralen (mathematisch
Imaginären) verändern.[6]

Um die Metamorphosen zu erkennen, welche sich über verschiedene Bereiche
hin erstrecken (also zum Beispiel aus dem Räumlichen über Unräumliches wieder

in Räumliches zurück), hat man sich eine genauere Einsicht in ein weiteres Prinzip zu verschaffen; es sei kurz als das *Spiegeln* bezeichnet, wobei gleich gesagt werden soll, daß es verschiedene Arten des Spiegelns gibt. Gehen wir vom einfachsten Falle aus: Zwei bezüglich einer Symmetrieachse symmetrische (spiegelbildlich kongruente) Figuren in der Ebene. Es ist im allgemeinen unmöglich, die eine Figur durch Verschieben in der Ebene mit der anderen Figur zur Deckung zu bringen. Dies gelingt aber sofort durch Drehen um die Symmetrieachse, wobei die Ausgangsebene verlassen werden muß. Zwei bezüglich einer Ebene spiegelbildliche Formen im dreidimensionalen Raume können «stetig» nur dann ineinander übergeführt werden, wenn die eine Form aus dem Räumlichen entschwindet und an entsprechender Stelle wieder herein «gedreht» wird. Ähnliches ist von allgemeineren Spiegelungen (z. B. spiegelbildliche Formen bezüglich einer Kugelfläche) zu sagen. Meist denkt man bei Gebrauch des Wortes Spiegeln daran, daß das Gespiegelte nur Bild, das heißt von geringerer Realität als das Original sei. Das ist richtig zum Beispiel für die Spiegelungen, die auf der Saturnstufe stattfanden. Auf der Sonnenstufe haben aber die Spiegelungen bereits Eigenleben, auf der Mondstufe auch Eigenempfindungen erhalten.[7]

Denken wir uns jetzt den folgenden Vorgang: Eine räumliche Form als solche verwest, die sie gestaltenden Kräfte verwandeln sich und schaffen nach einem gewissen Zeitablauf eine neue räumliche Form, die der ursprünglichen nach bestimmten Spiegelungsgesetzen entspricht. Das ist dann eine Spiegelung, bei der Original und Spiegelbild nicht gleichzeitig vorliegen. Der Kopf des Menschen stellt eine solche Spiegelung dar, sein entsprechendes auch räumlich gewesenes Gebilde ist das Gliedmaßensystem der vorherigen Inkarnation.[8]

Die Notwendigkeit, zum Ineinander-Überführen bestimmter spiegelbildlicher Formen aus dem Raume hinauszugehen, läßt sich schon an einfachen geometrischen Beispielen erläutern. Welche Bedeutung hätte es, wenn im Unterricht (auf der unteren wie auch auf der Hochschulstufe) mit den Schülern Geometrie derart getrieben würde, daß daraus unmittelbar ein Verständnis für die Reinkarnation des Menschen erwachen könnte. Das wäre, wenigstens in den ersten Anfängen, nach dem Stande des heutigen Wissens durchaus möglich.

Die verschiedenen Stufen des Abschließens einer Bewegung in der Formbildung und des Impulsierens zur Umwandlung einer bestehenden Form erlebt man in den Mond- und Sonnenstrophen der Sprüche «*Zwölf Stimmungen*» von *Rudolf Steiner*. Beschäftigt man sich mit Formen und Formverwandlungen und vertieft sich wiederholt in diese Dichtung, so erfährt man deren weckende, Gedanken-belebende Kraft. Es ist ein Übungsbuch zur Metamorphosenlehre. Als Anregung sei hier nur verwiesen zum Beispiel auf die Umwandlung des «ruhenden Leuchteglanzes» in das «Durchströme mit Sinngewalt» für die Sonne, und den entsprechenden Ruf «Mit Sinngewalt erstehe» für den Mond. Oder: Die Fisch-Sonnenzeile «Im Verlorenen

18

finde sich Verlust» fordert zu einer Tätigkeit, während die entsprechenden Mond-
worte «Der Verlust sei Gewinn für sich» die abschließende Formung des Tätigseins
ausdrücken. Besonders ergreifend für uns sind die Jungfrau- und Fischstimmungen.

Die Planetenzeilen geben den Formungen und Formwandlungen von Mond und
Sonne das farbige Gepräge. Hat man das Glück, einige Zeit im Granitgebirge sich in
die verschiedenen Farben des Granites — rötlich, bräunlich, grünlich, bläulich, bis
zum reinsten Weiß — zu versenken und sich derart in die Urzeit der Erde zu versetzen, so empfindet man tief den erhabenen Klang dieser Sprüche. —

Im gewöhnlichen Traum werden die Bildverwandlungen nicht derart verfolgt,
daß das sich wandelnde Wesen als solches beachtet wird; der Träumende ist hin-
gegeben an die Einzelbilder. Zur Metamorphosenlehre gehört aber wache Aufmerksamkeit. Um in sie einzudringen, hat man sich zu innerer Wartestimmung zu er-
kraften. Im Jahreslauf ist es besonders die Herbstzeit, die zum Erkennen von Metamorphosen aufruft. Das Zerfallen äußerer Formen weckt die Frage, wie nun die
Wandlung sich vollziehen werde.

Ich weiß wohl, wie dürftig diese einleitenden Bemerkungen zu dem großen
Thema Metamorphose sind. Es ist dazu ja notwendig, zu dem Schöpferischen vorzu-
dringen, das Mensch und Natur verbindet. Um Michaeli kann man auf diesem Wege
den Flügelschlag der helfenden Engelwesen hören.

Die Bedeutung des Imaginären
für eine erweiterte Metamorphosenlehre

Mit der Veranstaltung von Hochschultagen am Goetheanum — hier sei nur von der Mathematisch-Astronomischen Sektion gesprochen — übernehmen wir zweierlei Pflichten.[9] Erstens muß das Dargebotene echte Wissenschaft auf der Höhe der Zeit sein; zweitens ist es im Lichte der Geist-Erkenntnis zu entwickeln. Darin ist eingeschlossen, daß als höchstes Ziel Erkenntnis des Menschen erstrebt wird. Selbstverständlich können wir nur davon sprechen, Versuche zu machen, diesen Pflichten nachzuleben.

Aufgabe des Geometriekurses ist es, von Grund auf Begriffe und Vorstellungen zu entwickeln, um die Metamorphose vom Gliedmaßensystem in die Gestaltung des Hauptes zu verstehen. Es ist ein umfassendes Problem, das der Wissenschaft unseres Jahrhunderts vorliegt. Hier handelt es sich darum, dasjenige zu diesem Ziel beizutragen, was vom Mathematischen aus möglich ist. Der Naturwissenschafter zum Beispiel wird dafür morphologische und physiologische Phänomene im Lichte geistiger Erkenntnisse ordnen. Die Aufgabe des Mathematikers ist einerseits leichter, anderseits schwerer; nämlich leichter in dem Sinne, daß er mit Gebilden umgeht, die er aus seiner Organisation schöpft; schwerer, weil es sich um ein Gebiet von Begriffen und Vorstellungen handelt, das mit den innersten Gewohnheiten zusammenhängt, so daß eine Umprägung solcher Gewohnheiten bedeutender Anstrengungen bedarf. Man braucht bloß den Begriff «Raum» zu nennen, um sich das klarzumachen. Infolge einer Entwicklung von vielen Jahrhunderten verbindet heute jeder damit diese und jene elementare Vorstellungen in der selbstverständlichen Überzeugung, etwas unbedingt Geltendes zu denken. Die geometrischen Bildbegriffe, mit denen wir die Sinneswelt durchsetzen, sind mit tief in uns wurzelnden Tätigkeiten verbunden, die wir ausüben, ohne uns dessen bewußt zu sein. Es geht darum, diese Tätigkeiten zu erweitern, neue Rahmen zu schaffen, in die wir die Sinneswelt einfassen.

Schon beim ersten Schritt, bei der Ausarbeitung der Idee des Gegenraumes, die erstmals von *Rudolf Steiner* angegeben wurde (auch die Bezeichnung «Gegenraum» stammt von ihm), zeigt sich immer wieder die erwähnte Schwierigkeit, nicht nur neue abstrakte Begriffe zu fassen, sondern neue Gewohnheiten zu entwickeln. Zur Erfassung der Metamorphose vom Gliedmaßen- in das Hauptsystem genügen aber Raum und Gegenraum noch nicht. Es ist ein weiterer Schritt notwendig. Auch für diesen weiteren Schritt hat *Rudolf Steiner* eine Reihe von Angaben gemacht. Diese Metamorphose ist eines der Hauptmotive seines Kurses über das Verhältnis der verschiedenen naturwissenschaftlichen Gebiete zur Astronomie (Januar 1921). Vor allem ist die folgende Richtlinie zu beachten:

«Wenn man äußerlich einfach vergleicht, ohne auf das Innere einzugehen und ohne eine totale Erscheinungssphäre heranzuziehen, kann man nicht auf den morphologischen Zusammenhang kommen zwischen zwei polarisch einander entgegengesetzten Knochen, polarisch in bezug auf die Form einander entgegengesetzter Knochen.»[10]

Wie gelangen wir zu der notwendigen totalen Erscheinungssphäre? Hierfür erinnern wir uns an den folgenden Hinweis *R. Steiners:* Die Welt des Astralischen ist nicht räumlich, aber der Raum wird vom Astralen durchwirkt; die Beziehungen vom Physischen zum Ätherischen, von diesen beiden zum Astralen, haben in der Mathematik ihren Ausdruck in den Beziehungen vom gewöhnlichen Raum zum Gegenraum und von diesen beiden zum mathematischen Imaginären[11], das selbst weder im Raum noch Gegenraum eingefangen werden kann, aber in Raum und Gegenraum wirkt, ja diese schafft. In unserm Kurs handelt es sich darum, Bilder und Bildbegriffe zu schaffen, mit denen sich dieses Höhere, worin Raum und Gegenraum eingebettet sind, verstehen läßt — und zwar vom Mathematisieren aus. *Rudolf Steiner* sagte, hinweisend auf die Schwierigkeiten, zu einem Organ in der Stoffwechselorganisation dasjenige Organ zu finden, das mit dem ersteren durch die totale Umwendung zusammenhängt, daß es schwierig sein werde, die Sache mathematisch zu fassen. «Aber ohne daß man irgendwo anfaßt mit dem Mathematischen, wird man überhaupt nicht zurechtkommen.»[12] Man wird fragen, wie soll hier Mathematik noch möglich sein? Es ist hierzu ein Begriff nötig, den der Künstler, vor allem der Eurythmiekünstler, praktisch sehr gut kennt, ein Begriff, der meines Wissens bis heute nicht in die Wissenschaft eingeführt worden ist: die *Bewegungsgestalt.* Wie es eine Formenlehre gibt, so kann auch eine Lehre der Bewegungsgestalten entwickelt werden, hier das Wort «Gestalt» im weiteren Sinne auf Bewegungsabläufe angewendet.

Zugegeben, zunächst mag die Sache nicht leicht verständlich sein. Es wäre aber auch vermessen zu wähnen, man könnte derart komplizierte Vorgänge wie die Umwandlung des Kräftezusammenhangs bei einem Röhrenknochen zu demjenigen eines Schädelknochens, an der eine Fülle von Wesen mitarbeitet, mit einigen Vorstellungen leichthin verstehen. Es ist dazu eine neue Wissenschaft nötig. Wir beschränken uns in diesem kurzen Kurse darauf, eine Einführung zu geben. Um etwas Ganzes, wenn auch Beschränktes, zu erreichen, soll so viel entwickelt werden, daß man die Kugel, allgemeiner eine Eifläche, als letztes Stadium einer — notwendigerweise — über das Imaginäre führenden Metamorphose einer hyperboloidischen Röhrenform verstehen kann. Freilich wird sich dabei ergeben, daß sowohl mit der einen wie mit der anderen Form eine qualitative Tingierung des gesamten Raums verbunden ist, die man wesentlich mit zu beachten hat, um die Umwandlung erfassen zu können. Es ist eben jede Form nur ein Zeichen, ein Exsudat, ein erstarrter Ausschnitt im Reich der Bewegungsgestalten, durch das die Metamorphose führt.

Die moderne Entwicklung der Geometrie und Goethes Idee der Metamorphose

1. Die Art, wie *Goethe* die Natur betrachtete, wie er das Schauen der Sinneswelt übte, liegt der inneren Haltung der meisten heutigen Wissenschafter so fern, daß es fast unmöglich erscheint, eine Verständigung zu erreichen. Deshalb ist es auch so schwer, eine Brücke zu finden von den heutigen exakten Wissenschaften zu der modernen anthroposophischen Geisteswissenschaft, für welche *Goethes* Natur-Schauen eine Vorbereitung bilden kann. Umgekehrt erlaubt allerdings die Geisteswissenschaft, Einblick zu gewinnen, warum die Entwicklung des kulturellen Lebens im 19. Jahrhundert bis in unsere Zeit herein diesen Verlauf nahm.

Demgegenüber darf nicht vergessen werden, daß neue Ideen, Keime, die auf zukünftige Ausgestaltung warten, viele Jahrzehnte lang völlig überschattet bleiben können von dem, was man zu denken, schreiben und lehren in einer Zeit für wichtig hält. Wie vieles von dem, was einmal die Aufmerksamkeit des Tages in Anspruch nahm, versinkt später im Hintergrund als unwesentlich gegenüber ersten Anzeichen neuer Anschauungen, die man einstmals vielleicht kaum beachtete oder als unwichtig wertete.

Im folgenden soll an Beispielen aus der neueren Mathematik dargestellt werden, wie trotz der erwähnten Schwierigkeit des Brückenschlagens sich durchaus Impulse und Entwicklungslinien aufzeigen lassen, die erstens eine Verbindung mit *Goethes* Weltanschauung erlauben und zweitens dahin führen, die moderne Geisteswissenschaft für den weiteren Fortschritt als notwendig zu erkennen. Es wird im Rahmen dieses Aufsatzes nur möglich sein, wenige Grundgedanken anzudeuten. Es kann trotzdem vielleicht anregend sein, scheinbar weit voneinander Abliegendes einmal im Zusammenhang, wenn auch nur kurz, vor sich zu haben.

2. Im Aufsatz «Geschichte meines botanischen Studiums» (letzte Fassung 1831) schreibt *Goethe*:

«Das Wechselhafte der Pflanzengestalten, dem ich längst auf seinem eigentümlichen Gange gefolgt, erweckte nun bei mir immer mehr die Vorstellung: die uns umgebenden Pflanzenformen seien nicht ursprünglich determiniert und festgestellt, ihnen sei vielmehr bei einer eigensinnigen, generischen und spezifischen Hartnäckigkeit eine glückliche Mobilität und Biegsamkeit verliehen, um in so viele Bedingungen, die über dem Erdkreis auf sie einwirken, sich zu fügen und darnach bilden und umbilden zu können.

Wie sie sich nun unter *einen* Begriff sammeln lassen, so wurde mir nach und nach klar und klärer, daß die Anschauung noch auf eine höhere Weise belebt werden könnte: eine Forderung, die mir damals unter der sinnlichen Form einer übersinnlichen Urpflanze vorschwebte. Ich ging allen Gestalten, wie sie mir vorkamen, in ihren Veränderungen nach, und so leuchtete mir am letzten Ziel meiner Reise, in Sizilien, die ursprüngliche Identität aller Pflanzenteile vollkommen ein, und ich suchte diese nunmehr überall zu verfolgen und wieder gewahr zu werden.»

Vergleichen wir damit die Stimmung, aus der *Jakob Steiner* in der Vorrede zu seinem grundlegenden Werke «Systematische Entwickelung der Abhängigkeit geometrischer Gestalten von einander» (1832) schreibt:

«Das vorliegende Werk enthält die Endresultate mehrjähriger Forschungen nach solchen räumlichen Fundamentaleigenschaften, die den Keim aller Sätze, Porismen und Aufgaben der Geometrie, womit uns die ältere und neuere Zeit so freigebig beschenkt hat, in sich enthalten. Für dieses Heer von auseinandergerissenen Eigentümlichkeiten mußte sich ein leitender Faden und eine gemeinsame Wurzel auffinden lassen, von wo aus eine umfassende und klare Übersicht der Sätze gewonnen, ein freierer Blick in das Besondere eines jeden und seiner Stellung zu den übrigen geworfen werden kann. —

Gegenwärtige Schrift hat es versucht, den Organismus aufzudecken, durch welchen die verschiedenartigsten Erscheinungen in der Raumwelt miteinander verbunden sind.»

Ein gemeinsames Streben, wenn auch in recht verschiedenen Gebieten, ist unverkennbar. *Jakob Steiner* stellt in seinem Werke insbesondere das sogenannte *Gesetz der Dualität* aller räumlichen Gestaltungen in den Vordergrund. Dieses Gesetz wurde schon vorher in den Jahren 1810 bis 1824 insbesondere von den beiden französischen Mathematikern *J. D. Gergonne* und *J. V. Poncelet* in verschiedensten Formen untersucht. Während es *Poncelet* aus der Lehre der Kegelschnitte gewann und hierauf streng begründete, sah *Gergonne* in ihm ein ursprüngliches, allem räumlich Ausgedehnten zugrunde liegendes Prinzip. Jedoch gelang es *Gergonne* noch nicht, volle Einsicht in den tatsächlich polaren Aufbau alles Räumlichen zu gewinnen. In einigen Worten angedeutet, geht es um das Folgende: Zum Beispiel gehört zum Würfel mit seinen acht Ecken, zwölf Kanten und sechs Flächen ein entsprechendes Gebilde, nämlich das Oktaeder, mit sechs Ecken, zwölf Kanten und acht Flächen. Hierbei entsprechen sich wechselweise die Ecken (Punkte) und Flächen (Ebenen); die Kanten (Geraden) spielen hingegen dieselbe Rolle. In Figur 1 ist angedeutet, was einem Netz von aneinandergereihten Würfeln entspricht: ein Netz von *ineinander* liegenden Oktaedern. In analoger Weise stehen sich das Dodekaeder und das Ikosaeder gegenüber, während das Tetraeder zu sich selbst polar ist. Überhaupt gehört zu *jedem* räumlichen Gebilde, das irgendwie aus l Geraden, m Punkten und n Ebenen aufgebaut ist, gesetzmäßig eine duale (polare) Figur, die aus gleichvielen (l) Geraden, aber m *Ebenen* und n *Punkten* gebildet wird. Der gesamte Raum erscheint einerseits als *Punktraum*, indem man den Punkt als Raumelement zugrunde legt, anderseits aber als *Ebenenraum*, indem die Ebene als Grundelement betrachtet wird. Zwei

Punkte sowie auch zwei Ebenen bestimmen eine Gerade. So wie drei allgemein liegende Punkte eine Ebene bestimmen, legen drei allgemein liegende Ebenen einen Punkt fest. Vom Ebenenraum betrachtet, erscheint der Punkt als ein zusammengesetztes Gebilde, dessen «Teile» die durch ihn gehenden Ebenen sind. Vom Punktraum aus gesehen, erscheint hingegen die Ebene als zusammengesetztes Gebilde, die in ihr liegenden Punkte sind ihre «Teile». Der Strahlenraum, die Mannigfaltigkeit aller Geraden (die Gerade als Element betrachtet) nimmt eine mittlere Stellung ein.[13]

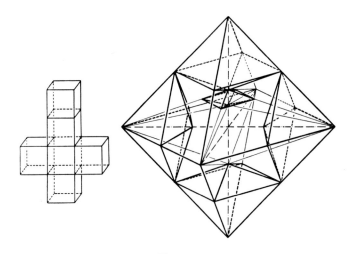

Figur 1
Würfelgitter und polares Oktaedernetz. Dem mittleren Würfel links, dem fünf Würfel angegliedert sind, entspricht das Oktaeder rechts, dem fünf Oktaeder eingegliedert sind.

Seit der Entdeckung dieser Dualität zu Beginn des 19. Jahrhunderts ist im Laufe von hundert Jahren die gesamte Geometrie — von hier nicht zu besprechenden Ausnahmen abgesehen — in polarer Weise gegliedert worden, dazu wurden noch viel weitergehende «Polaritäten» entdeckt. Es ist eine merkwürdige Tatsache, daß die Aufmerksamkeit erst zu Beginn des 19. Jahrhunderts auf diesen Sachverhalt gelenkt wurde; er ist in der überlieferten Geometrie der Alten nicht zu finden.

Dieses wahrhaft bedeutsame Gesetz wurde aber nur als mehr oder weniger interessante geometrische Tatsache betrachtet und übrigens formal auch auf Räume von mehr als drei Dimensionen erweitert. Man wird sich in hundert Jahren wohl nur mit einiger Mühe die Frage beantworten, was die Wissenschaft davon abgehalten hat, dieses Gesetz ernst zu nehmen in dem Sinne, daß es doch unmittelbar zeigt, wie alles räumlich Ausgedehnte mindestens von zwei vollkommen verschiedenen

Aspekten aus zu betrachten ist. Ob ein punktförmiges Ding in der Natur sachgemäß als Element des Punktraumes (z. B. trifft dies für einen Stein zu) oder als Gebilde des Ebenenraumes (z. B. ein Samenkorn) zu betrachten sei, muß in jedem Falle untersucht werden.

Es haben einzelne empfunden, daß hier etwas Bedeutungsvolles vorliege. Eine solche Stimme sei der Vergessenheit entzogen. Der französische Mathematiker *M. Chasles*[14] schrieb einmal:

«Mais on trouvera, dans les différentes parties des sciences mathématiques, d'autres lois de dualité, fondées sur d'autres principes; et l'on sera conduit, croyons-nous, à admettre comme nous l'avons déjà dit dans notre Note sur la définition de la Géométrie, qu'un *dualisme universel* est la grande loi de la nature, et règne dans toutes les parties des connaissances de l'ésprit humain. —

Peut-on prévoir même où s'arrêteraient les conséquences d'un tel principe de dualité? Après avoir lié deux à deux tous les phénomènes de la nature, et les lois mathématiques qui les gouvernent, ce principe ne remonterait-il point aux causes mêmes de ces phénomènes? Et peut-on dire alors qu'à la loi de la gravitation ne correspondrait point une autre loi qui jouerait le même rôle que celle de Newton, et servirait comme elle à l'explication des phénomènes célestes? Et si, au contraire, cette loi de la gravitation était elle-même sa corrélative dans l'une et l'autre doctrine, ainsi que peut être une proposition de géométrie dans la dualité de l'étendue figurée, ce serait alors une grande preuve qu'elle est véritablement la suprême et unique loi de l'Univers.»

Im Französischen nennt man zwei einander gemäß dem Dualitätsgesetz sich entsprechende Figuren «corrélatifs». *Chasles* sagt sehr schön[15]:

«Le mot *corrélatif* étant employé d'une manière générale dans mille circonstances, il serait bien à désirer qu'on eût un autre adjectif, dérivé du mot *dualité*. Par cette raison, nous avions pensé à substituer au mot *dualité* celui de *diphanie*, qui aurait exprimé ce double genre de propriétés que présentent toutes les figures de l'étendue; nous aurions dit le *principe de diphanie*, et nous aurions appelé *diphaniques* les figures qui auraient eu entre elles les relations prescrites par ce principe. Mais nous n'avons point voulu nous permettre de substituer une nouvelle dénomination à celle qui a été généralement reçu.»

In der Geisteswissenschaft *Rudolf Steiners* sind dem modernen Bewußtsein die Tatsachen zugänglich gemacht worden, welche diesem mathematischen Gesetz der «Diphanie» alles Räumlichen zugrunde liegen. Kurz gesagt: Im Räumlichen wirken sich einerseits physische und anderseits ätherische Kräfte aus.[16] *Rudolf Steiner* spricht in diesem Zusammenhang auch von *Zentralkräften* und den zu ihnen polaren *Universalkräften*. Es besteht in der Physik die für den Mathematiker im Grunde eigenartige Situation, daß man heute nur im Sinne einer möglichen metrischen Geometrie rechnet.[17] Die dazu polare metrische Geometrie[18] ist für die Anwendungen nicht ernsthaft in Betracht gezogen worden. Der Grund liegt darin, daß sie für die Welt der starren Körper *nicht* gilt.

Es wird noch zu besprechen sein, wie die Idee der Metamorphose mit dem umfassenden Gesetz der Polarität [19] verbunden werden kann.

3. Im folgenden sei auf ein weiteres merkwürdiges, bis heute kaum beachtetes Faktum hingewiesen. Es ist dazu nötig, an einige Begriffe zu erinnern. Die Gerade erscheint vom Punktraum aus betrachtet als Gebilde, dessen «Teile» Punkte sind: die Gerade als *Punktreihe*. Im Ebenenraum sind die «Teile» einer Geraden die durch sie gehenden Ebenen: die Gerade als *Ebenenbüschel*. Dem Durchlaufen der Punktreihe entspricht das «Blättern» im Ebenenbüschel. Der Kraftbegriff, wie er heute fast ausschließlich gedacht wird, erlaubt, eine Kraft geometrisch-bildlich als *gerichtete Strecke* (Inbegriff zweier Punkte in einer bestimmten Reihenfolge) darzustellen. Anders ausgedrückt: Man betrachtet heute diejenigen Wirksamkeiten als Kräfte, welche sich bezüglich der Gesetze ihrer Zusammensetzung als gerichtete Strecken (Vektoren [20]) darstellen lassen. Die Statik lehrt, wie sich beliebige Systeme von solchen Kräften zur Beurteilung ihrer Gesamtwirkung behandeln lassen, wobei eine bestimmte Konfiguration (Nullsystem) von Geraden des Strahlenraumes eine besondere Bedeutung gewinnt. Anderseits lehrt die Kinematik, wie Rotationen um beliebige Achsen um unbegrenzt kleine Winkel zusammengesetzt werden können. Es zeigt sich, daß die Vereinigung von «Kräften» im obigen Sinne genau denselben allgemeinen Gesetzen unterliegt wie die Vereinigung beliebiger Rotationen um unbegrenzt kleine Winkel. Die Beziehung ist in dem Sinne unsymmetrisch, als das eine Gebiet der Mechanik, das andere der reinen Kinematik angehört. [21] Die unvoreingenommene Betrachtung führt auf die Frage, ob diese Beziehung einen Hinweis auf eine tieferliegende Polarität in der Kräftewelt darstellt. Gibt es eine Art von Kräften, welche sich polar zu denjenigen Kräften verhalten, die sich als Pfeile darstellen lassen? Daß dies begrifflich naheliegend ist, zeigt die Tatsache, daß wichtige Gesetze einer solchen andersartigen Kräftewelt bereits mathematisch behandelt wurden. Allerdings geschah dies in einer Form, die nur einem engen Kreise von Mathematikern und wenigen Physikern zugänglich war und heute noch ist. Es betrifft die auf Anregung *Felix Kleins* entstandene Dissertation von *F. Lindemann* [22]: «Über unendlich kleine Bewegungen und über Kraftsysteme bei allgemeiner projektivischer Maßbestimmung» (Mathematische Annalen, Bd. VII, 1874). Hier wird mit hypothetischen Kräften operiert, die sich geometrisch-bildlich als ein gerichtetes *Ebenenpaar* darstellen, so wie die «gewöhnlichen» Kräfte sich als gerichtetes Punktepaar versinnlichen lassen. Damit wurde das umfassende Gesetz der Polarität auf die Welt der Kräfte angewandt; allerdings nur hypothetisch, sozusagen um dem mathematischen Schönheitssinn zu genügen. Es ist also festzustellen: Die neuere Entwicklung der Mathematik führte dahin, eine zu den bisher in der Physik betrachteten Kräften polare Sorte von gewiß völlig anders wirkenden Kräften zu *denken*. Es kann hierbei,

26

wie sich zeigt, nicht die Rede davon sein, diese Art von Kräften im Bereiche des Mechanischen zu finden. Hingegen stellt sich die Frage, ob es sich hier um ein Zufallsspiel des mathematisch konsequenten Denkens oder um den Hinweis auf eine *wirkliche,* anders geartete Kräftewelt handelt, zu welcher zunächst der mathematische Schönheitssinn hinleitete. Es liegen genügend Anzeichen vor, daß hier, wenn auch nur abstrakt, der Bereich betreten wird, von dem die Geisteswissenschaft als der Welt der «Bildekräfte», der ätherischen Kräfte spricht, die zum Beispiel in der Gestaltung der Pflanzen wirken.

In der Formensprache drückt sich der Gegensatz der mechanischen, durch Pfeile symbolisierbaren Kräfte, zu den, sagen wir, andersartigen Kräften in der Polarität Punktreihe (gradliniges Fortschreiten) und Ebenenbüschel (Drehen[23]) aus. Die mechanische Kraft hat einen Angriffs*punkt,* die andersartige Kraft eine Angriffs-*ebene,* was für mechanische Kräfte sinnlos ist.

Es ist bemerkenswert, dies zu vergleichen mit der Anschauung *Goethes,* die in dem Aufsatz «Über die Spiraltendenz der Vegetation» (1831) ausgesprochen ist:

«Hat man den Begriff der Metamorphose vollkommen gefaßt, so achte man ferner, um die Ausbildung der Pflanze näher zu erkennen, zuerst auf die *vertikale* Tendenz. Diese ist anzusehen wie ein geistiger Stab, welcher das Dasein begründet und solches auf lange Zeit zu erhalten fähig ist. Dieses Lebensprinzip manifestiert sich in den Längenfasern, die wir als biegsame Fäden zu dem mannigfaltigsten Gebrauch benutzen; es ist dasjenige, was bei den Bäumen das Holz macht, was die einjährigen, zweijährigen aufrecht erhält, ja selbst in rankenden, kriechenden Gewächsen die Ausdehnung von Knoten zu Knoten bewirkt.

Sodann aber haben wir die *Spiralrichtung* zu beobachten, welche sich um jene herumschlingt. —

Das Spiralsystem ist das Fortbildende, Vermehrende, Ernährende, als solches vorübergehend, sich von jenem gleichsam isolierend. Im Übermaß fortwirkend, ist es sehr bald hinfällig, dem Verderben ausgesetzt; an jenes angeschlossen, verwachsen beide zu einer dauernden Einheit als Holz oder sonstige Solide.

Keines der beiden Systeme kann allein gedacht werden; sie sind immer und ewig beisammen; aber im völligen Gleichgewicht bringen sie das Vollkommenste der Vegetation hervor. —

Kehren wir nun ins Allgemeinste zurück und erinnern an das, was wir gleich anfangs aufstellten, das vertikal sowie das spiral strebende System sei in der lebendigen Pflanze aufs innigste verbunden; sehen wir nun hier jenes als entschieden männlich, dieses als entschieden weiblich sich erweisen, so können wir uns die ganze Vegetation von der Wurzel auf androgynisch insgeheim verbunden vorstellen, worauf denn in Verfolg der Wandlungen des Wachstums die beiden Systeme sich im offenbaren Gegensatz auseinander sondern und sich entschieden gegeneinander überstellen, um sich in einem höheren Sinne wieder zu vereinigen.»

In der Vertikaltendenz wirken zwar nicht nur mechanische Kräfte; diese machen sich hier als Schwere geltend, dem aber ein anderes Prinzip entgegenwirkt.

Es sind hiermit, wenn auch nur andeutungsweise, zwei Tatsachen aufgezeigt. Erstens: Es gibt Ergebnisse der neueren Geometrie, welche offensichtlich einen Bezug haben auf Anschauungen *Goethes*, wenn auch die Sprachen, die hier und dort gesprochen werden, völlig verschieden sind. Zweitens: Sowohl die Anschauungen *Goethes*, die uns mehr in lebendigen Bildern als in gefügten Begriffen gegeben sind, als auch neuere mathematische Erkenntnisse, die ohne Bezug auf die Realität, allerdings fast nur in formaler Konsequenz vorliegen, stellen Fragen, zu deren Beantwortung tieferliegende Erkenntnisse nötig sind.

4. Das Gesetz der Polarität in der Geometrie wurde bisher nur derart angewandt, daß, wie im ersten Abschnitt erklärt, zu jeder räumlichen Figur ein Pendant existiert. Abgesehen von einer knappen Andeutung des norwegischen Mathematikers *Sophus Lie*[24], scheint hingegen kaum untersucht worden zu sein, wie sich polare Gebilde ineinander überführen lassen. Das ist eine naheliegende Frage, wenn man das Polaritätsgesetz mit Goethes Idee der Metamorphose betrachtet. Also zum Beispiel: Wie läßt sich das Würfelnetz in Figur 1 in das entsprechende Oktaedernetz überführen? Es handelt sich hierbei darum, den *gesamten* Punktraum in den *gesamten* Ebenenraum derart zu verwandeln, daß aus einem Punkt eine Ebene, aus einer Ebene ein Punkt, aus einer Punktreihe ein Ebenenbüschel und aus einem Ebenenbüschel eine Punktreihe wird. Es ist natürlich leicht, z. B. *eine* Punktreihe stetig in ein Ebenenbüschel umzuformen. Es ist aber wesentlich, daß die Metamorphose den gesamten Raum zu verwandeln hat. So schwierig das Problem zunächst erscheint, so überraschend ist die Lösung[25], die hier nur angedeutet werden kann. Um das Verständnis zu erleichtern, seien vorbereitend zwei Vorbetrachtungen eingeschaltet.

a) Zueinander gemäß dem Polaritätsgesetz polare Figuren lassen sich immer in eine solche Lage bringen, daß sie in bezug auf eine Fläche zweiter Ordnung — es genügt, hier den leicht überschaubaren Fall einer *Kugel* zugrunde zu legen — polar sind. Die betreffende Kugelfläche heiße die *absolute Fläche*. Jedem Punkt außerhalb der Kugel entspricht hierbei diejenige Ebene, die aus ihr den Kreis schneidet, längs dem die Tangenten vom Punkte an die Kugel diese berühren. Jedem Punkte der absoluten Fläche entspricht die Tangentialebene des Punktes. Die Ebene e, welche einem inneren Punkte P zugeordnet ist, ergibt sich wie folgt: Man legt durch P irgendeine Ebene; diese schneidet die absolute Fläche in einem Kreise. Nun nehme man die Spitze S des Kegels, der die absolute Fläche in diesem Kreise berührt. S ist ein Punkt von e. Führt man die Konstruktion für alle Ebenen des Punktes P durch, so erfüllen die Spitzen S der entsprechenden Kegel die dem Punkte P zugeordnete Ebene. Wandert der Punkt P von der Kugelfläche her nach außen in das Unendliche, so nähert sich die entsprechende Ebene immer mehr dem Kugelmittelpunkt. Rückt hingegen der Punkt P von der absoluten Fläche her gegen deren Mittelpunkt, so entfernt sich die entsprechende Ebene unbegrenzt von der absoluten Fläche. Einer Geraden g, als Punktreihe betrachtet, entspricht als «Polare» eine bestimmte Gerade h, die als Träger eines Ebenenbüschels aufzufassen ist, dessen Ebenen den Punkten von g zugeordnet sind. Es ist leicht, die gegenseitige Lage eines Paares polarer Geraden g, h zu überschauen: Schneidet g die Kugel, so lege man in den Durchstoßpunkten die Tangentialebenen; deren Schnittlinie ist die zu g polare Gerade h. Schneidet hingegen g die Kugel nicht (nicht reell), so lege man durch g die Tangentialebenen an sie; die Verbindungsgerade der Berührungspunkte ist die zu g polare Gerade h. Es ist selbstverständlich nötig, daß man zum Überblick der zu besprechenden Metamorphose diese Polarität im inneren Blickfeld vollständig zu umfassen vermag.

b) Man betrachte jetzt den Punkt P als Gebilde des Ebenenraumes. Die «Teile» des Punktes sind alle durch ihn gehenden Ebenen, von denen man aber je nur ein unbegrenzt kleines Stück (eine «Schuppe»), das den Punkt enthält, nehme: *Das Bündel (P) von Flächenelementen.* Eine Ebene e hingegen werde nur als Gebilde des Punktraumes betrachtet. Die «Teile» der Ebene sind alle in ihr liegenden Punkte, von denen man je eine unbegrenzt kleine Umgebung, die in der Ebene liegt, nehme. Man denke sich also die Ebene e von unbegrenzt kleinen Schuppen besetzt: *Das Feld (e) von Flächenelementen.* Die «Schuppen» eines Feldes sind nun derart stetig umzuordnen, daß sie in der Endlage ein Bündel bilden und umgekehrt. Die Umformung hat erstens *sämtliche* Bündel und *sämtliche* Felder von Schuppen (Flächenelementen) zu erfassen; zweitens muß sie derart verlaufen, daß irgendein räumliches Gebilde in das gemäß der Polarität an der Kugel (der absoluten Fläche) entsprechende Gebilde übergeführt wird.

Hiermit sind die nötigen Vorbereitungen getroffen, um die Umformung des Punktraumes in den Ebenenraum erklären zu können. Zunächst sei der Weg einer einzigen allgemein liegenden «Schuppe» erläutert (Fig. 2). Die Schuppe (das Flächenelement), deren Punkt P und deren Ebene a heißt, sei mit $P * a$ bezeichnet. Ist p die in der Polarität dem Punkt P entsprechende Ebene und A der Ebene a entsprechende Punkt, so hat man also $P * a$ in $A * p$ überzuführen. Es erweist sich hierbei als sachgemäß, wenn man aus dem Ausgangselement $P * a$ *zwei* Schuppen $P_t * a_t$, $P'_t * a'_t$ hervorgehen läßt, die sich dann schließlich in der Endlage $A * p$ wieder vereinigen. Der Index t in der Bezeichnung soll den Zeitpunkt angeben, in dem das wandernde Element betrachtet wird. Es sei f die Verbindungsgerade PA (siehe Figur 2) und d die Schnittgerade pa. Der Punkt P der Ausgangsschuppe $P * a = P_0 * a_0$ bewege sich nun längs der «Führungslinie» f, während ihre Ebene a sich um die «Drehlinie» d drehe. Die beiden aus $P * a$ hervorgehenden Elemente sollen sich hierbei in entgegengesetzten Richtungen bewegen. Sind E, F die beiden Schnittpunkte der Führungslinie f mit der absoluten Fläche (sie seien hier zunächst reell vorausgesetzt), so sollen die Stationen E, F gleichzeitig erreicht werden. Über E, F geht die

Bewegung weiter bis zur Vereinigung der getrennten Schuppen im Endelement $A * p$. Damit ist angegeben, wie aus einem Ausgangselement $P * a$ die Endschuppe $A * p$ hervorgeht. Man denke sich nun die sämtlichen ∞^5 Schuppen des Raumes in dieser Art bewegt. Die wesentliche Schwierigkeit besteht offenbar darin, die derart geometrisch festgelegten Bewegungen zeitlich richtig zu koordinieren. Bei richtiger Koordination [26] gelangt man zu den folgenden Ergebnissen:

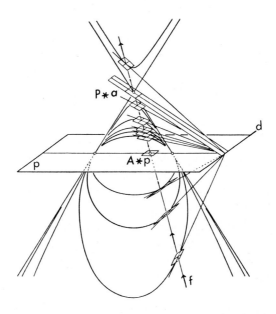

Figur 2

Weg eines Flächenelementes. Der Punkt P des Ausgangselementes ist oben als Kreischen, die durch ihn gehende Ebene a als schräger Streifen angegeben. Dem Punkt P entspricht die hervorgehobene, horizontal gedachte Ebene. Sie enthält den als Kreischen gezeichneten Punkt, welcher der Ebene a entspricht.

a) Die aus dem Schuppenbündel *(P)* hervorgehenden Elemente umhüllen in jedem Zeitmoment ein Ellipsoid oder Hyperboloid (in Grenzfällen ein Paraboloid), das die absolute Fläche in ihrem (reellen oder imaginären) Schnittkreis k mit der Ebene p berührt. Ist P ein innerer Punkt, so verwandelt sich dieser über zuerst sehr kleine in größere Ellipsoide. In einem Ausnahmemoment wird das Ellipsoid zur absoluten Kugel selbst, vergrößert sich weiter und geht in ein ovales Hyperboloid über, das sich von zwei Seiten her unbegrenzt dem Schuppenfeld *(p)* anschmiegt. Ist P ein äußerer Punkt, so verläuft die Verwandlung ausgehend vom Kegel mit der Spitze P, der die absolute Fläche in k berührt,

30

entweder über ovale Hyperboloide in Ellipsoide, die immer flacher werden und schließlich in das Innere der Kreisscheibe mit dem Rande k ausarten,

oder über ringförmige Hyperboloide, die sich immer mehr an das Äußere der Kreisscheibe mit dem Rande k anschmiegen und schließlich in dieses selbst ausarten (die Figuren 3 und 4 zeigen nur ebene Schnitte).

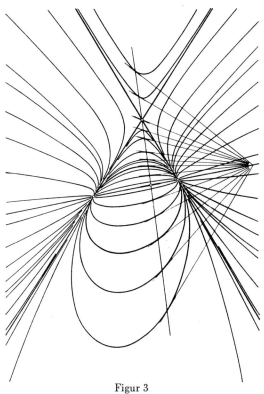

Figur 3

Ebener Schnitt der Umwandlung eines Bündels in das polare ebene Feld. Im dargestellten Falle wird die absolute Fläche von der Ebene des Feldes reell geschnitten.

Auf diese Weise wird jeder Punkt, aufgefaßt als Schuppenbündel, in eine Ebene, nämlich ein Schuppenfeld, verwandelt.[27] Hierbei geht irgendein Gebilde des Raumes genau in das entsprechende polare Gebilde über. Natürlich ist eine gewisse Übung nötig, diese radikale Umwandlung eines Gebildes vollständig überblicken zu können.

b) Jede Gerade g des Raumes, betrachtet als Träger von Schuppen, deren Punkte auf g liegen und deren Ebenen durch g laufen, verwandelt sich auch in Ellipsoide oder Hyperboloide, die schließlich in die polare Gerade h ausarten.

c) Eine Strecke AB verwandelt sich in einen von den zwei den Punkten A,B entsprechenden Ebenen *a,b* gebildeten Winkel. Betrachtet man die Verwandlung nur in einer die Strecke *AB* enthaltenden Ebene, so wird aus *AB* ein von zwei Geraden bestimmter Winkel. Damit gewinnt man die Möglichkeit, die beiden von altersher als grundverschieden geltenden[28] Begriffe *Länge* und *Winkel* miteinander zu verbinden und die entsprechenden Figuren ineinander überzuführen. Man kann derart von Aussagen über Längen stetig durch eine Geometrie des «Zwischenreiches» zu Aussagen über Winkel gelangen. Erlaubt man einen bildlichen Ausdruck, so darf man hier von einer Verflüssigung der metrischen Geometrie sprechen.

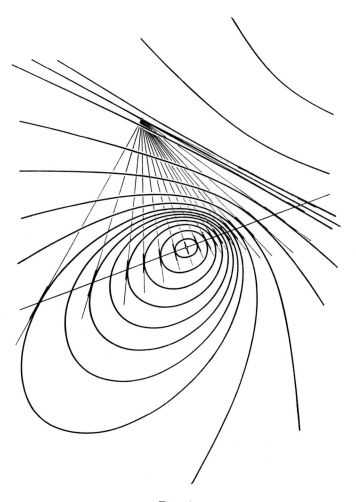

Figur 4

Ebener Schnitt der Umwandlung eines Bündels in das polare ebene Feld. Die absolute Fläche wird im vorliegenden Falle von der Ebene des Feldes nicht reell geschnitten.

32

d) Überraschend ist das folgende Ergebnis: Die Ausbreitung der von einer Lichtquelle ausgehenden Lichtflächen geschieht nach der geschilderten Metamorphose, wobei allerdings die absolute Fläche nicht eine Kugel, sondern eine ausgeartete Fläche, nämlich der sogenannte absolute (imaginäre) Kugelkreis ist. Die Metamorphose, die einen Raum in den polaren Raum überführt, liefert in diesem besonderen Falle genau das *Huygenssche Prinzip*. Damit werden die Gesetze der Lichtausbreitung in einen umfassenden Zusammenhang gebracht: *Ausgleich von Polaritäten*.

Es sind hiermit nur einige wenige Hinweise gegeben, welche die Bedeutung der Metamorphose polarer Räume ineinander zeigen.

5. Für eine umfassende Metamorphosenlehre darf man sich nicht auf Umwandlungen beschränken, die sich ausschließlich im Räumlichen sinnlich sichtbar abspielen. Vielmehr hat man auch Metamorphosen in Betracht zu ziehen, die zunächst im räumlich Ausgedehnten (im Reellen) nicht verfolgbar sind und erst in einem gewissen Stadium sichtbar werden. Ferner kann eine Metamorphose räumlich (reell) beginnen, dann aus dem Sichtbaren verschwinden, um erst später sich wieder nach außen bemerkbar zu machen. In der vorangegangenen Schilderung wurde nun ein Sachverhalt noch nicht erwähnt, der von wesentlicher Bedeutung ist. Unter Umständen, die durch die Art der absoluten Fläche und die Lage des betrachteten Ausgangselementes gegeben sind, hat man die Umwandlung durch das *Imaginäre* zu führen. Die Umformung läßt also unter Umständen ein Gebilde aus dem Räumlichen (Reellen) verschwinden in einen umfassenderen Bereich, von dem aus betrachtet das reell Räumliche nur als eine verdichtete Partie erscheint. Doch auch im Imaginären läßt sich die Verwandlung des Gebildes mathematisch verfolgen. Was der Mathematiker als dieses imaginäre Gebiet [29] in abstrakten Begriffen denkt, ist in der Wirklichkeit der Bereich des *Astralen*; ein Bereich, der das Ätherische und Physische als einen aus ihm stammenden, sozusagen aus ihm entlassenen Teil umfaßt. Wenn die Entwicklung der Mathematik es ermöglicht, Metamorphosen zu verfolgen, die räumliche Gebilde in ihre polaren Gebilde verwandeln, die ganz im reell Räumlichen oder teilweise durch das Imaginäre wieder in das sinnlich Sichtbare führen, so ist darin das Zeichen zu lesen, daß es heute möglich ist, die Umwandlungen in der Bildung der Erde, in der Entwicklung des Menschen in der Realität der physischen, ätherischen und astralen Welt zu verstehen. Es läßt sich daraus ersehen, daß es eine Art von Trägheit ist, wenn man heute noch in weiten Kreisen sich nicht dazu verstehen kann, die geisteswissenschaftlichen Erkenntnisse über die Weltentwicklung und die Reinkarnation des Menschenwesens in das denkende Bewußtsein aufzunehmen.

Die geometrischen Polaritäten, von denen die Rede war — es sind die einfachsten — werden *erzeugt* durch ein gewisses absolutes Gebilde. Legt man statt der einfachsten absoluten Gebilde (reelle oder imaginäre Gebilde zweiten Grades) kompliziertere zugrunde, so werden umfassendere Polaritäten erzeugt. Ja, man kann dazu übergehen, das erzeugende Gebilde selbst als variabel zu denken, wodurch veränderliche Polaritäten entstehen. Um die Gestaltung des menschlichen Hauptes, das durch die aus dem Gliedmaßen-Stoffwechselsystem im vorangegangenen Erdenleben gezogenen Kräfte geformt wird, in ihren mathematischen Grundzügen zu verstehen, hat man ein solches langsam sich entwickelndes — mathematisch imaginäres — absolutes Gebilde zugrunde zu legen. Dieses stellt den mathematischen Ausdruck dessen dar, was die Geisteswissenschaft den unverlierbaren Extrakt eines Erdenlebens nennt.

Es sind in der neueren Mathematik auch Beziehungen entdeckt worden, wie zum Beispiel die *Liesche* Transformation des Geradenraumes in die Mannigfaltigkeit aller Kugeln, von denen man zeigen kann, daß sie notwendig durch das Imaginäre führen. Man hat sich bisher aber nur für das formale Entsprechen dieser zwei einander so völlig fremd erscheinenden Gebiete interessiert. Trägt man *Goethes* Idee der Metamorphose heran, allerdings in wesentlich erweiterter Fassung, so wird man das eine Gebiet als Anfangszustand, das andere als Endzustand einer sich verwandelnden Mannigfaltigkeit zu erfassen suchen.

Zu dem vielleicht für manchen Leser erstaunlichen Umstand, daß hier die Mathematik so selbstverständlich in die moderne Geisteswissenschaft hineingestellt wird, sei nur das Folgende gesagt: Entweder bleibt man im Formalen stecken, was aber doch zu keiner Lebenserhöhung führt, oder man entschließt sich, auch die Ergebnisse des mathematischen Denkens so ernst zu nehmen, daß sie in der vollen Wirklichkeit begründet erscheinen. Allerdings hat man sich hierfür auch an die Wirklichkeit des Übersinnlichen zu wenden. Es stellen sich hier, insbesondere den jungen Mathematikern, die herrlichsten Aufgaben.

Licht, Form und Raum [30]

Verehrte Anwesende, liebe Freunde! *

Schon im alltäglichen Leben verwenden wir mathematische Begriffe, mathematische Vorstellungen, mathematische Bilder, etwa wenn wir sagen, das oder jenes gehöre in einen anderen Lebenskreis hinein, das oder jenes gehöre in eine andere Sphäre oder wenn wir auch davon sprechen, dieses oder jenes gehöre einer anderen Ebene an. Sie wissen, daß man solche Bilder vielfach verwendet. Es ist aber nicht ganz leicht zu sagen, ob das Bilder, Begriffe oder Vorstellungen sind. Denn natürlich, bei diesem alltäglichen Verwenden von mathematischen Entitäten bringt man sich den Begriff der betreffenden Entitäten nicht klar zum Bewußtsein, und doch wirken sie für das ganze Weltbild, das wir uns machen, sehr stark. Man kann vielleicht sagen statt Bilder, Begriffe, Vorstellungen: es sind Siegel, welche prägen, welche den Stempel aufdrücken, die Art und Weise des Weltbildes prägen, das man hat; oder ich könnte auch sagen, es sind Matrizen, welche in einem leben, mit denen man alles prägt, was man sich mehr oder weniger deutlich zum Bewußtsein bringt. Und es ist ja erstaunlich, wie klein der Vorrat an solchen Matrizen, an solchen Siegeln im Grunde genommen ist. Er ist nicht groß: Kugel, Kreis, Viereck, Dreieck und noch einige andere Formen und Bewegungen. Wenn man dann sieht, wie doch, sagen wir, die Naturwissenschaft Weltbilder aufbaut und dabei so wenig Matrizen verwendet, ist das ein erstaunlicher Umstand, der wenig beachtet wird und der zeigt, wie stark wir im Grunde abhängig sind davon, welche Siegelformen, welche Matrizen, welche Urformen in uns leben.

Es ist schon eine Wohltat, daß z. B. durch die Eurythmie die Form der Lemniskate stärker erlebbar geworden ist, und es ist ganz unabsehbar, was im Laufe der Zeit der Umstand für Wirkungen hat, daß gewisse andere Formen in bestimmten Menschen lebendig werden und mithelfen an der Prägung des Weltbildes. Die Lemniskate ist eine solche neue Urform, Matrix, die sonst noch wenig lebendig geworden ist.

Ich möchte Ihnen heute auch eine solche Vorstellung, ein Bild, einen Begriff entwickeln, auch eine solche Grundform, zusammengehörig mit einer Grundbewegung, die von Wichtigkeit sein kann. Dabei wird es sich im ersten Teil hauptsächlich darum handeln, daß wir einen roten Faden, der hindurchgeht durch den «Wärmekurs» [31] von *Rudolf Steiner*, verfolgen, aber so, daß wir ihn in einem ganz neuen Lichte sehen können. Dabei wird uns eine Hauptangabe im Wärmekurs sehr sprechend werden. Ich werde alle Vereinfachungen und Schematisierungen vornehmen,

* Siehe Anmerkung S. 10

so daß wirklich nur das einfachste Grundgerüst da ist. In einem zweiten Teil werde ich Ergänzungen bringen und ich möchte Sie jetzt schon bitten, daß ich in diesem zweiten Teil auch für diejenigen sprechen darf, welche gewisse Voraussetzungen erfüllen, damit sie auch auf diese oder jene Frage Antworten bekommen, die aber nicht jedem sogleich verständlich sein werden. Ich knüpfe dabei an die Entwicklung an, welche ich vor einem Jahr hier zum ersten Male kurz vorgetragen habe.[32]

Wollen wir also jetzt mit dem ersten Teil beginnen und möglichst anschaulich eine gewisse Grundform entwickeln.

Wählen wir als Beispiel eine elliptische Form — es könnte auch ein Kreis sein —, so entspricht irgendeinem Punkt darin eine gerade Linie in einer ganz bestimmten Weise außerhalb. Denken Sie sich, daß um diesen Punkt P sich eine Sehne dreht (Fig. 1a). Betrachten wir die Endpunkte einer solchen Sehne. Wir wollen in ihnen

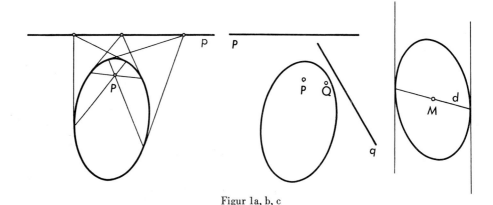

Figur 1a, b, c

die Tangenten ziehen. Es ist klar: Wenn ich das für jede Sehne mache, bewegt sich der Schnittpunkt der jeweiligen Tangenten in der Ebene. Für die Ellipse besteht nun die Tatsache, daß die Schnittpunkte zusammengehöriger Tangenten in einer Geraden p liegen. Es entspricht also jedem Punkt im Innern der Ellipse eine Gerade im Äußeren (übrigens auch umgekehrt, aber das lasse ich jetzt weg). Liegt dieser Punkt nahe dem Umfange, dann liegt die Gerade auch nahe dem Umfang (Fig. 1b). Wo ist die entsprechende Gerade, wenn der Punkt in die Mitte M hereingerückt ist? Wenn ich eine Sehne nehme, die durch den Mittelpunkt der Ellipse geht (einen Durchmesser d), so schneiden sich die Tangenten erst im Unendlichen. Die Gerade entrückt in das Unendliche. Dem Mittelpunkt wird zugeordnet die unendlich ferne Gerade (Fig. 1c).

Wir haben also eine elliptische Form, jedem Punkt im Inneren entspricht eine Gerade im Äußeren, einem Punkt nahe dem Umfang auch eine Gerade nahe dem Umfang, und je weiter wir gegen den Mittelpunkt hineinrücken, desto weiter rückt

36

die Gerade hinaus. Das ist eine gut bekannte Verwandtschaft, die man gründlich kennt und die sehr schön ist.

Nun ist die Hauptfrage, die wir uns stellen: Wie können wir von der Gesamtheit der Punkte, die im Inneren der Ellipse liegen, durch eine Metamorphose, durch eine Umwandlung herauskommen zu jenen Geraden? Dabei soll diese Umwandlung nicht einen Sprung haben, sondern möglichst stetig vor sich gehen. Beispielsweise muß dieser Punkt P hier zu dieser Geraden p werden, jener Punkt Q zu jener Geraden q. Der Mittelpunkt M der Ellipse muß sich verwandeln in die unendlich ferne Gerade (die Bezeichnungen beziehen sich auf Fig. 1a, b, c). Wir bleiben also nicht dabei stehen, daß wir eine Entsprechung konstatieren zwischen Punkten und Geraden, sondern wir gehen weiter und fragen: Wie ist es möglich, daß der Bereich der inneren Punkte mehr oder weniger stetig[33] übergeführt wird in den Bereich der

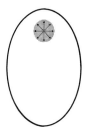  

Figur 2a, b, c

äußeren Geraden? Dies ist die Fragestellung und wir wollen jetzt die Lösung anschauen.

Zu diesem Zweck können wir einen einzelnen Punkt betrachten und schauen, wie sich dieser Punkt verwandeln soll. Denken wir uns wieder eine elliptische Form und in ihr einen Punkt. Er soll übergehen in seine ihm zugeordnete Gerade. Jetzt kann man sagen: Das ist schwierig, der Punkt ist anders als diese Gerade. Wie soll er in sie übergehen? Ja, das ist jetzt so: Denken wir uns den Punkt und seine Teile. Was sind die Teile des Punktes? Das sind die Strahlen, die durch ihn hindurchgehen. Wir wollen nun diese «Teile» des Punktes, diese Strahlen ein wenig auseinanderziehen, derart, daß sie nicht mehr durch einen Punkt gehen, sondern eine gewisse Form bilden, daß sie also auseinandergehen. Ich werde diese Teile ein wenig verlagern, so daß sie schließlich eine Kurve umhüllen, die vielleicht so aussieht (Fig. 2a, 2b. Es sind dort nur Pfeile eingezeichnet.) Dabei müssen wir uns vorstellen, daß sich beispielsweise dieser kleine Pfeil hier verrückt nach der einen Seite, und dort geht es weiter. Das soll mit all diesen Pfeilelementen geschehen, so daß wir hier diese Kurve umhüllt bekommen und weiterhin diese (Fig. 2c). Und nun muß man es so machen, daß man auch zu der Grundkurve, die ich am Anfange hatte, kommt. Es hat seine guten Gründe, daß man das so machen muß.[34] Jetzt geht die Verwandlung natürlich weiter. Die Ellipsen werden über eine Parabel zu Hyperbeln, die sich immer mehr dieser Geraden nähern, und jetzt sind die Elemente schön in einer Reihe gepaart,

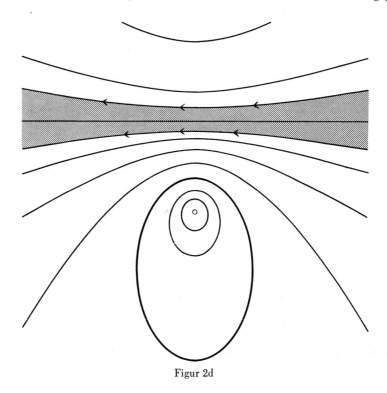

Figur 2d

allerdings hier doppelt. Das wollen wir dann noch sehen (Fig. 2d).[35] Das also ist die Umwandlung, die ich vornehme. Sie ist weitgehend willkürlich natürlich und muß noch genauer bestimmt werden. Ihre Bestimmung ist so:[36]

    * Der betrachtete Punkt werde mit P bezeichnet, mit p die zugeordnete Gerade. Wir wollen den Weg *eines* Pfeilelementes bestimmen. Der Geraden q, in der das Pfeilelement liegt, entspricht ein Punkt Q außerhalb, der auf p liegt; q schneidet p in R. Das Pfeilelement soll sich nun so bewegen, daß sein Anfangspunkt immer auf der Geraden $r = PQ$ liegt und seine Spitze auf R weist. Das entgegengesetzte Pfeilelement bewegt sich entsprechend nach der anderen Seite (in Fig. 3 gestrichelt angedeutet). Geschieht diese Bewegung nun gleichzeitig für alle Pfeilelemente, so hüllen sie, wenn ihre Bewegungen richtig aufeinander abgestimmt werden, Kurven ein, erst Ellipsen, dann eine Parabel und schließlich Hyperbeln. *

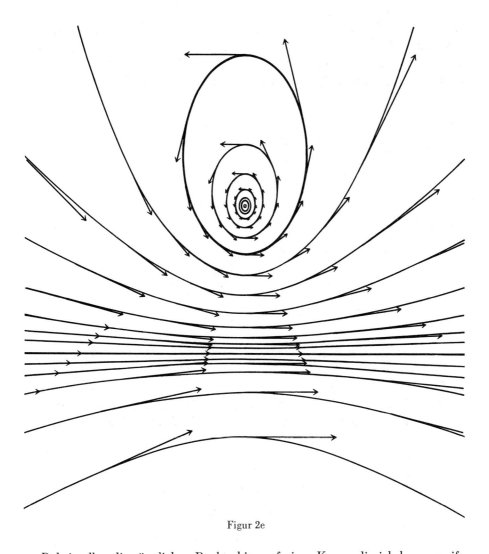

Figur 2e

Dabei sollen die sämtlichen Punkte hier auf einer Kurve, die ich herausgreife, einerseits zu der Grundkurve, anderseits zu dem Punkt P und zu der Geraden p, die als Endlage herauskommen soll, ein ganz bestimmtes Verhältnis haben, dessen Formel ich aber erst im zweiten Teil aufschreiben will. Ich erwähne hier nur — um Sie zu beruhigen —, daß wirklich vollständig eindeutig bestimmt ist, wie man das zu machen hat, daß keine Willkür darin liegt. Wenn man das in der angedeuteten Weise macht, sieht man: Hier muß eine Ellipse sein, dort eine Hyperbel.

Wir wollen noch einen speziellen Fall anschauen, dessen Betrachtung in einem gewissen Sinne am leichtesten fällt. Was geschieht mit dem Mittelpunkt, der sich ja

verwandeln muß in die unendlich ferne Gerade der Ebene? Nun, in dem eben be-
sprochenen Fall haben wir keine äußere Symmetrie[37], hier ist sie vorhanden. Das
Gesetz ist dann so, daß diese Kurven, in die sich der Punkt verwandelt, einfach
konzentrisch gelegene Ellipsen werden. Die Pfeilelemente gehen zuerst alle durch

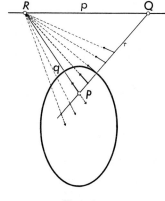

Figur 3

den Mittelpunkt, umhüllen dann diese Ellipse, die verwandelt sich weiter über die
Grundkurve und geht schließlich in das Unendliche hinaus (Fig. 4).

Es ist natürlich eine gewisse Schwierigkeit da. Welche? Wir haben ja nicht nur
einen einzelnen Punkt zu betrachten, sondern wir müssen und wollen jetzt alle Punkte
im Inneren der Ellipse berücksichtigen und für alle diese Punkte im Inneren die

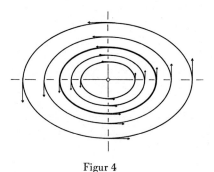

Figur 4

Umwandlung vornehmen. Das ist ein bißchen kompliziert, denn es sind sehr viele
Punkte darin, und alle verwandeln sich nach diesem Gesetz, durch das am Schluß
eine Gerade herauskommt für jeden Punkt. Man verliert da zunächst die Übersicht
und sieht nicht, wie das gehen soll.

Nun wollen wir sehen — alle sind ein wenig viel. Nehmen wir drei Punkte heraus, um uns die Sache vorzustellen, und verfolgen sie, unterwerfen sie der Verwandlung, aber jetzt so, daß es miteinander geht, gleichzeitig. Beginnen wir hier (Fig. 5). Der Punkt verwandelt sich in eine kleine Ellipse, wird größer, gleichzeitig auch die

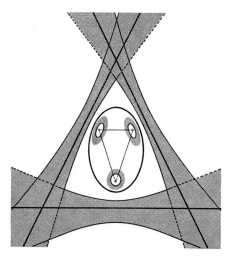

Figur 5

anderen, die Verwandlung geht weiter, und zu einem gewissen Zeitmoment fallen alle mit der Grundkurve zusammen. Das muß so sein. Dann geht die Verwandlung weiter. Dieser «Punkt» zieht sich — ich will es nur andeuten — über die Grundkurve hinweg und kommt schließlich von beiden Seiten an die zugehörige Gerade heran. Nun haben wir das Dreiseit bekommen, aus drei Punkten die drei Geraden.

Wie steht es aber, wenn ich nicht nur die drei Punkte betrachte, sondern das ganze Dreieck anschaue? Ich werde jetzt nicht nur die Eckpunkte anschauen, sondern alle (inneren und Rand-) Punkte. Die sollen sich zu gleicher Zeit mitverwandeln. Sie können sich ungefähr vorstellen, wie das sein wird, wenn alles das gleichzeitig anfängt, sich zu verwandeln, sich «aufzuplustern». Was gibt das zusammen?

Wenn ich hier viele, viele Kurven habe, umhüllen die etwas. Es entsteht ein ganz bestimmtes Hüllgebilde. Ich will es nicht hinzeichnen. Bei der Umwandlung werden alle Punkte einer Dreiecksseite verwandelt in alle Geraden, die in *einem* bestimmten Winkelraum des Punktes liegen, der der Dreiecksseite entspricht. Stetig geht das über, aber es ist nicht so leicht zu überschauen (Fig. 6).

Nun interessiert natürlich die Frage, wie es mit den Punkten innerhalb des Dreiecks steht. Die wollen wir der Verwandlung auch unterwerfen, die müssen sich mitverwandeln. Ja, ein solcher Punkt, der Mittelpunkt beispielsweise, verwandelt sich auch, der geht z. B. in die unendlich ferne Gerade über. Überhaupt ist die Sache so: Alle inneren Punkte werden umgewandelt in Geraden, welche alle hier außen liegen, außerhalb des Dreiseits, das wir da (außen) gezeichnet haben. Wir hatten uns ja

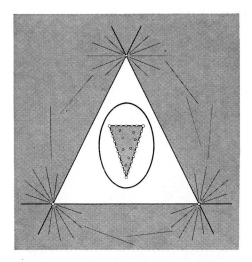

Figur 6

überlegt: Dieser Punkt hier verwandelt sich durch die Umformung in diese Gerade.[38] Wenn Sie nun ein bißchen weiter hineingehen, ist die entsprechende Gerade immer weiter außen. Während der stetigen Umformung ist es also so: Wenn ich nur den Prozeß in dieser Gegend betrachte (in der Gegend eines Scheitels) und der obere

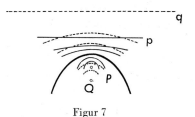

Figur 7

Scheitel von dieser Kurve z. B. so hinausgeht in einer gewissen Geschwindigkeit, dann geht der Scheitel der Kurve, die zu diesem Punkt gehört, der weiter innen liegt, schneller und überholt den anderen, und das Ganze stülpt sich dann nach außen um. Das ist klar, ganz klar (Fig. 7; die zu Q gehörenden Umwandlungsformen sind gestrichelt).

Jetzt betrachten wir dieses Dreieck hier außen. Es bleibt innen vollständig leer, ausgespart, nachdem alle Punkte des inneren Dreiecks vollständig in Geraden umgeformt worden sind. Der ausgesparte Bereich wird von den entstandenen Geraden völlig eingehüllt.

Das war jetzt ein sehr spezieller Fall. Natürlich muß man eigentlich die Metamorphose von irgendwelchen Gebilden so in der Hand haben können. Wenn ich irgendein Gebilde nehme, so kann ich fragen: Wie ist die stetige Verwandlung von allen Punkten in diesem Gebilde, das der Metamorphose unterworfen wird, und wie sieht das Schlußbild aus? Das ist nicht so einfach zu überschauen.

Wir wollen einen ganz einfachen, möglichst symmetrischen Fall uns noch anschauen, weil wir an ihm einiges schön zeigen können. Wir wollen nun statt eines Dreiecks im Inneren eine ovale Form annehmen, die konzentrisch ist zu der Grundkurve. Der Einfachheit halber nehmen wir konzentrische Ellipsen an. (Es könnte aber z. B. auch eine Hyperbel oder sogar eine imaginäre Ellipse sein.) — Das also sei meine Grundkurve und dies das Gebilde, das wir umformen wollen (Fig. 8). Wir

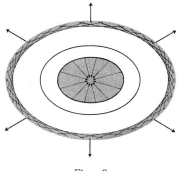

Figur 8

machen uns nun bereit, und von einem gewissen Moment an soll die Metamorphose beginnen, so daß sämtliche Punkte hier anfangen, lebendig zu werden. Es quillt nämlich die Wärme hier in den dreidimensionalen Raum hinein.[39] Das fängt an, lebendig zu werden, das dehnt sich aus, und wir müssen schauen, wie diese Punkte im einzelnen sich bewegen, was das alles ergibt. Weil die Sache symmetrisch ist, werden sie umgewandelt in Geraden, die hier ein ebenfalls symmetrisch gelegenes Gebilde umschließen (in unserem Falle also eine konzentrische Ellipse). Das ist ja klar. Wenn Sie nun die Punkte nehmen, die auf einer weiter innen gelegenen Ellipse sind, so gibt das Geraden, die eine Ellipse umhüllen, die etwas weiter außen liegt. Es ergibt dieses Gebilde und ist besonders schön zu überschauen.

Denken Sie sich nun dieses Gebilde im Inneren. Es muß natürlich irgendwie zusammengehalten werden, sonst würde es ja auseinandergehen.[40] Es wirkt etwas da drinnen, es hat Spannungen wie Kristallkräfte in einem festen Körper, es hat Spannkräfte, Zentralkräfte gegen das Zentrum hin. Die halten es zusammen. Wie ist das jetzt entsprechend nach der Umwandlung? Ich bekomme ja das Gebilde von allen Geraden, welche außerhalb dieser Sphäre liegen, und ich muß jetzt sagen: [41]

* Aus diesem Gebilde da innen, das zusammengehalten wird durch die Spannkräfte, wird, was die Aussparung bildet. Das geht aber natürlich nicht gratis — entschuldigen Sie, daß ich so populär spreche —, denn wie das innere Gebilde auseinanderfiele, wenn es nicht zusammengehalten würde, so muß auch das äußere irgendwie zusammengehalten werden. Und Sie sehen sofort, wenn Sie sich überlegen, wie das ist mit dieser Pfeilform innen, daß das äußere Gebilde zusammengehalten wird durch eine Spannung, welche nach allen Seiten zum Unendlichen hin wirkt. Es wird vom Unendlichen her zusammengehalten. Wäre diese Spannung nicht vorhanden, so würde es «auseinander»-fliegen und zwar hier gegen das Zentrum hin auseinanderfallen. [42] *

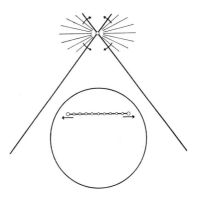

Figur 9

Wir wollen auch daran denken, daß eine ganze Form, wenn sie metamorphosiert wird, durch eine «Nullsphäre» hindurch muß. Man kommt nicht darum herum. Wie sieht es da aus? Da haben wir Spannungen — wenn ich davon sprechen will —, die alle tangential im Umfang wirken würden. Wir können es auch so aussprechen: Wenn ich mir einen Strahl denke von innen nach außen hin, also vom Zentrum etwas ausstrahlt, hier die Pfeile, dann würde dieses Pfeilbild stetig verwandelt werden in ein Bild, welches der Formierung nach die Tendenz von allen diesen Geraden zeigt, die vom Unendlichen her gegen das Zentrum hineinstrahlen. Als Übergang erscheint die «Nullsphäre».

Um ein anschauliches Bild zu verwenden: Wenn Sie sich hier (im Inneren) einen Balken oder ein Seil denken und damit Druck oder Zug ausüben, was entspricht dem eigentlich (Fig. 9)? Wenn ich das anschaue und umwandle, dann werden die End-

44

punkte des Stabes verwandelt in zwei Strahlen, und die Verbindungsgerade wird umgewandelt in deren Schnittpunkt. Alle Punkte des Stabes werden verwandelt in einen Teil des entsprechenden Büschels. Und ich habe im Büschel, wenn ich am Stab die Tendenz zum Zusammengehen oder Auseinandergehen habe, die Tendenz, daß es entweder zusammenklappt oder auseinandergeht. Zug und Druck haben ihr Gegenbild in «Zuscheren» und «Ausscheren».[43] Scherende Kräfte habe ich vor mir im Bild.

Nun habe ich Ihnen nur das Allereinfachste im Prinzip gezeigt. Es ist ein nächster Schritt noch nötig, den ich gehen muß, um den ersten Teil abzuschließen: Ich habe die Sache im Raum zu machen. Wie ist das im Raume? Wir nehmen eine «Nullsphäre» zum Ausgang an. Alle die einzelnen Punkte, die darinnen sind, müssen jetzt umgewandelt werden — nicht in gerade Linien wie vorher, sondern in *Ebenen*. Sie können sich das recht gut vorstellen: Vorhin hatte ich die Zuordnung von Punkt zu Gerade. Wenn ich das rotiere[44], erhalte ich eine Zuordnung von Punkt zu Ebene. Und die Teile dieses Punktes sind jetzt das ganze Bündel von Ebenen und Strahlen, die durch ihn gehen. Diese Teile werden umgewandelt, anders gelagert durch die Metamorphose. Sie bilden in einem gewissen Moment eine ovale Fläche, ein Ellipsoid, eine Eiform. Das wird sich umformen und es wird in einem gewissen Moment wieder zur Nullsphäre; alles muß durch die Nullsphäre hindurchgehen. — Hier ist ein solches Flächenelement, ein bestimmtes von diesem Punkt, und es wird *so* bewegt (Fig. 2 S. 30). Während die Flächenelemente («Schuppen») im Ausgang alle durch den Punkt gehen und das Bündel bilden, wird hier alles verwandelt und diese Elemente werden am Ende alle die ganze Ebene bilden.

Nun wollen wir uns die Sache noch etwas in Bewegung versetzen und das Wichtige festhalten, daß eine Umformung vorliegt, die in keiner Weise willkürlich Kurven und Flächen zusammensetzt; alles ist sehr wohl bestimmt. Man muß natürlich daran denken, daß, wenn man diese Bilder irgendwo anwenden wollte, immer viele Faktoren zusammenkommen und wir bei diesen Grundformen nur einige wenige herausgegriffen haben. In der Realität werden wir wahrscheinlich eine Fläche nie ganz ausgebildet haben, wie es auch nie einen ganz fehlerfrei gebildeten Kristall gibt, was aber nicht hindert, das Grundsätzliche daran zu lernen.

Wir wollen uns noch einmal eine Sphäre denken — ich will sie vielleicht nur in der Ebene zeichnen — und wollen eine Anzahl von Punkten anschauen und uns vorstellen, daß die Metamorphose nun atmet, daß sie also nicht einfach von innen nach außen geht und dann aufhört, sondern daß sie hin- und hergeht (Fig. 10). Wir wollen einen mittleren Teil der ganzen Umformung herausgreifen, der innerhalb und außerhalb der Nullsphäre liegt und einen Punkt betrachten, wie er sich verwandelt. Ich bekomme, wenn ich einen Teil der Kurven zeichne, dieses Bild. Wir wissen, es muß alles durch die Nullsphäre in einem gewissen Moment. Ich habe hier nur einen gewissen Teil, der ausgebildet ist in Kurven, wie es wahrscheinlich auch in der Realität

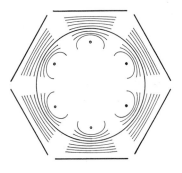

Figur 10

ist, und das geht nun nicht ganz bis zum Punkt und nicht ganz bis zur Geraden, sondern immer hin und her. Wir haben dann folgendes: Wenn wir im inneren Bereich sind und eine, sagen wir, physische Form betrachten, so wissen wir, daß sie umgewandelt wird sozusagen in ihre Gegenform, in ihre «Negativform».[45] Wenn ich hier ein Dreieck habe, habe ich draußen eine Aussparung des Raumes. Wenn ich z. B. ein Tetraeder habe, geht das Innere des Tetraeders über in das ganze Äußere und es wird eine entsprechende Form ausgespart. Und betrachte ich nicht nur die Endstadien, sondern nehme wirklich diese Übergänge der Metamorphose — wenn man das sachgemäß macht (und das ist sachgemäß), dann muß man durch die Nullsphäre hindurchgehen. *Rudolf Steiner* sagt nun in den Vorträgen über die Wärmeerscheinungen:

«Wenn ich nun weitergehe von der Flüssigkeit zum Gas, so habe ich das Auseinanderstreben, die Auflösung der Kugelform, aber jetzt nach außen. Nun kommen wir allerdings zu einem etwas schwierigeren Begriff: Denken Sie sich einmal, Sie stehen irgendeiner einfachen Gestalt, einem Tetraeder gegenüber, und Sie würden das Tetraeder so umkehren, wie man einen Handschuh umkehrt. Dann würden Sie nämlich allerdings bemerken, wenn Sie es umkehren wollten im ganzen, daß Sie durch die Kugelform durchgehen müßten und daß dann der Negativkörper erscheint, für den alle Verhältnisse negativ sind: der gewissermaßen so ist, daß, wenn Sie hier das Tetraeder haben irgendwie ausgeführt, so müßten Sie sich diesen Negativkörper so vorstellen, daß der ganze übrige Raum ausgefüllt ist, da ist es gasig. Nun denken Sie sich den übrigen Raum angefüllt und in diesem ausgefüllten Raum ein tetraedrisches Loch drinnen. Da ist es hohl. Sie müßten dann, wenn Sie die Sache real auffassen, in alle Größen, die sich auf dieses Tetraeder beziehen, die Größe negativ einsetzen. Dann kriegen Sie das Negativ-Tetraeder, das ausgesparte Tetraeder, während sonst im Tetraeder Materie drinnen ist. Aber der Zwischenzustand, wo das

46

positive Tetraeder in (ein) negatives Tetraeder übergeht, das ist die Kugel. Jeder polyedrische Körper geht in seine Negation über, indem er durch die Kugel wie durch einen Nullpunkt, eine Nullpunktssphäre schreitet.

Jetzt verfolgen Sie das im Konkreten bei den Körpern. Sie haben die festen Körper mit Gestalten; sie gehen durch die Flüssigkeitsform, d. h. Kugelform durch und werden Gase. Wollen wir die Gase richtig betrachten, so müßten wir sie als Gestalten betrachten, aber als Negativgestalten. Wir kommen also da zu Gestaltungen hinaus, die wir nur erfassen können, wenn wir durch die Nullsphäre ins Negative hineinkommen.» [46]

Diejenigen, die den «Wärmekurs» etwas studiert haben, erinnern sich, daß diese Umformung eine große Rolle spielt. Und *Rudolf Steiner* schildert mit einigen Worten derart diesen Metamorphosenprozeß, daß es einen in Erstaunen versetzt, denn es ist gerade diese Metamorphose. Ich möchte auf eine Einzelheit aufmerksam machen: «... für irdische Verhältnisse haben wir es, wenn Kräfte wirken, die im Bereich des Festen sind, zu tun mit Umschließungskräften, wenn Kräfte wirken, die in der Flüssigkeit sind, haben wir es zu tun mit Kräften, welche eigentlich in ihrer Konfiguration erreicht werden können, etwa indem man die Tangente hier zieht, oder die Tangentialebene legen würde.» [47]

Es ist wirklich so, wenn Sie sich vorstellen, es würde die Metamorphose mathematisch vorliegen und man schilderte sie möglichst anschaulich, dann bekommt man die Worte von *R. Steiner*. Es ist erstaunlich, wie genau er eine mathematische Urtatsache, will ich einmal sagen, zum Ausdruck bringt.

Ich glaube, wir haben durch diese einfachen Betrachtungen das Prinzip erfassen können, wie die Umformung vor sich geht. Ich will selbst einige Fragen stellen. Zunächst könnte jemand sagen, er habe sich das auch schon vorzustellen gesucht, wie das Innere sich ins Äußere verwandelt. Das könne man sich aber so oder so vorstellen. Wir müssen aber schauen, ob die Sache aus dem Wesen der ganzen Umformung selber folgt oder ob noch ein willkürliches Moment darinnen waltet. Und dies werden wir jetzt noch etwas genauer anschauen.

* Es folgt eine nur unvollständig erhaltene Bemerkung zu den Darstellungen der Atmung des Erdorganismus in den Schriften von Guenther Wachsmuth.[48] Bezugnehmend auf den «Wärmekurs» [46] fährt L. Locher-Ernst fort: * *Rudolf Steiner* schildert, daß bei der Wärme-Morgen-Dämmerung und der Wärme-Abend-Dämmerung immer die Erde durch die Kugelform gehen will, wobei natürlich gewisse Kräfteverhältnisse gemeint sind. Wir müssen uns vorstellen, daß selbstverständlich nicht, wie ich schon erwähnt habe, alle Kurven und Flächen ausgebildet sind, sondern nur gewisse Teile davon. Die Sache muß aber auch noch in die richtige Phase gebracht werden, so daß sie zeitlich mit der Realität in Übereinstimmung kommt.

Ich hoffe, daß Sie ungefähr diese Umformung haben erfassen können. Sie ist gewiß eine außerordentlich wichtige Vorstellung, ein außerordentlich wichtiges

Element, wenn man es für die Betrachtung der verschiedensten Vorgänge, die einem entgegentreten, zur Verfügung hat.

Ich möchte mir nun erlauben, zum zweiten Teil überzugehen, in dem ich noch einige Ergänzungen bringen will.

Ich möchte von einer eigentümlichen historischen Tatsache ausgehen. Sie haben alle schon von dem 5. Postulat des *Euklid* gehört, diesem Axiom, das bei *Euklid* folgendermaßen ausgesprochen wird: Gefordert soll sein, «daß, wenn eine gerade Linie beim Schnitt mit zwei geraden Linien bewirkt, daß innen auf derselben Seite entstehende Winkel zusammen kleiner als zwei Rechte werden, dann die zwei geraden Linien bei Verlängerung ins Unendliche sich treffen auf der Seite, auf der die Winkel liegen, die zusammen kleiner als zwei Rechte sind»[49] (Fig. 11). Diese merk-

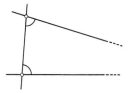

Figur 11

würdige Formulierung hat ja in der Entwicklung eine ungeheure Wirkung gehabt, denn man hat sich mehr oder weniger durch zwei Jahrtausende bemüht, diesen «Makel»[50] bei *Euklid* aufzuklären, nämlich das 5. Postulat zu beweisen auf Grund der anderen Postulate. Was sagt es aus, wenn die beiden betreffenden Winkel zusammen 180° sind? Dann haben die Geraden keinen Schnittpunkt. Wenn diese beiden Winkel mehr als 180° sind, dann sind die Nebenwinkel weniger als 180° und der Schnittpunkt liegt auf der anderen Seite. Daraus folgt, daß es zu einer gegebenen Geraden und einem Punkt (der nicht auf ihr liegen soll) in der durch sie bestimmten Ebene genau eine Gerade gibt, die durch den Punkt geht und die erste Gerade nicht trifft, es sei denn, man führe das Unendlichferne ein in bestimmter Weise. Es hat einer ungeheuren Anstrengung bedurft des menschlichen Denkens, bis man hier Klarheit bekommen hat. Am Anfang des 19. Jahrhunderts haben einige Denker gleichzeitig die Lösung gefunden, daß es auch nichteuklidische Geometrien gibt (in denen das 5. Postulat nicht erfüllt ist), und daß das fünfte ein Postulat ist, das man ausdrücklich fordern muß, wenn man die gewöhnliche euklidische Geometrie erhalten will.

Wenn man einen Umstand einmal durchschaut hat, kann man das Ganze in einer eigentümlichen Weise aussprechen. Bei der Geometrie von *Lobatschewsky* — oder, weil sie von dem Ungarn *Bolyai* zuerst veröffentlicht wurde (entwickelt für sich hat sie zuerst *Gauß*), Bolyaische Geometrie genannt — zeigt sich, daß sowohl hier wie auf der anderen Seite eine gewisse Gerade ist, die nicht mehr schneidet[51], ohne daß die Winkel zusammen 180° wären im gewöhnlichen Sinne. Und es gibt dann unendlich viele Geraden, die überhaupt jenseits dieser Geraden liegen, bei denen der Übergang stattfindet zwischen Schneiden und Nichtschneiden (Fig. 12).

Es ist natürlich sehr merkwürdig für die gewöhnliche Betrachtung, daß es das geben soll. Es zeigt sich aber, daß man das in Erwägung zu ziehen hat. In der euklidischen Geometrie kann ich die Folgerung ziehen, daß es nur *eine* Parallele der geschilderten Art gibt. Ich kann *einen* unendlichfernen Punkt anerkennen. Bei der Lobatschewskyschen Geometrie ergibt sich in ähnlicher Weise die Möglichkeit, wenn man das konsequent ausführt, daß man ein «uneigentliches» Gebiet der Geometrie hineinnehmen kann, noch überunendlichferne Punkte. Man ist dazu genötigt. Aber

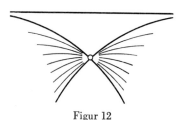

Figur 12

historisch hat es sich so entwickelt, daß man das, was hier nötig ist, entsprechend dem unendlichfernen Punkt der euklidischen Geometrie einzufügen, nicht mehr in Betracht gezogen hat, weil die Entfernungen dann nämlich imaginär werden.[52] Das Interessante ist, daß sich zeigt, wie durch die Formulierung bei *Euklid* sozusagen für die Weiterentwicklung zweitausend Jahre hindurch das Tor geschlossen wurde. Man hat es bildhaft vor sich: Es gibt nur einen unendlichfernen Punkt — damit ist das Unendliche abgeschlossen. Bei *Lobatschewsky* wurde es wieder geöffnet, aber es wurde nicht real genommen, da die Entfernungen vom Überunendlichen imaginär sind. Man sieht es geradezu handgreiflich vor sich, wie durch einen gewissen feinen Prozeß bei *Euklid* das Tor geschlossen wurde.

Lassen wir das einen Moment beiseite. Ich gehe zur Umformung zurück und möchte für die wenigen, die sich auch dafür interessieren, angeben, wie sich die Sache verhält.

* Es werden die wichtigsten Formeln für die Transformation angegeben. Sie finden sich im Kapitel «Polarsysteme ...», Seite 55. *

Ich will Ihnen das Ergebnis anders aussprechen. Wenn man diese Gleichungen (für die Ellipsen bzw. Ellipsoide, zu denen die Punkte «aufquellen») in der nichteuklidischen Geometrie betrachtet, sind das nichteuklidische *Kugeln*. Und die Formel zeigt sofort demjenigen, der die hierfür notwendigen Vorstellungen hat, daß das nichts anderes ist als die Erklärung einer nichteuklidischen Kugel, die in die Grundfläche und schließlich in die betreffende Ebene übergeht. Nichts von irgendeiner Willkür ist darinnen. Und es ist erstaunlich, daß auf diese Weise am schönsten die nichteuklidische Geometrie herauskommt. Man ist einfach genötigt, nichteuklidische Geometrie einzuführen. Wenn man aber eine solche Nullsphäre zugrundelegt und die Entfernung berechnet von einem Punkt innen und außen, so wird sie imaginär. Deshalb sagte man, man könne nur das Innere bei der Lobatschewskyschen Geometrie gebrauchen und ließ das Äußere weg. Für die Naturwissenschaft ist aber gerade das Zusammenspiel die Hauptsache.[53]

Nachdem ich kurz einen Beweis gegeben habe, wie sehr die Sache festgelegt und mathematisch begründet ist, wollen wir uns noch ein Bild vorstellen. Es ist nämlich nicht die einzige Möglichkeit, daß ich eine solche Umformung habe, die reell vorliegt, sondern man muß auch solche Übergänge betrachten, bei denen eine Grundform äußerlich nicht sichtbar ist. Kurz kann ich das am besten in folgender Weise erklären, und ich glaube, dabei vielleicht auch etwas aussprechen zu können, das für mehrere von Ihnen von Interesse ist.

Denken Sie sich nun einen gestrichelten Kreis. Dieser spielt eine andere Rolle als der Kreis vorhin. Denken Sie sich jetzt die Zuordnung so, daß diesem Punkt P hier nicht zugeordnet ist diese Gerade p' (Fig. 13; p' ist gestrichelt), von der wir immer

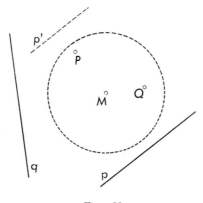

Figur 13

gesprochen haben, sondern wir nehmen noch eine Spiegelung hinzu. Also ich spiegele noch hier am Zentrum des gestrichelten Kreises diese Gerade p'. Es wird die Umformung jetzt so aussehen, daß dieser Punkt P in diese Gerade p übergeht, jener Punkt Q in jene Gerade q usw. Wenn wir dann die Umformung hier anschauen, geht sie zuerst vollständig in das Imaginäre, man sieht sie gar nicht. Man kann sie aber auch über das Reelle durchführen und zwar in einer Form, die von Interesse ist. Die sieht so aus: Da haben wir nie eine Begegnung im Reellen, wir haben nichts von einer realen (reellen) Nullsphäre, sondern eine Umformung von Punkten in den Gegenraum hinein. Wenn man es so betrachtet, wie ich es kurz gezeigt habe, ist dies der Raum der sogenannten Riemannschen Geometrie. Das sind Kugeln im elliptischen Raum und der Abstand von einer Geraden ist da überhaupt immer endlich.

Ich möchte noch eine Vorstellung in Ihnen aufrufen. Denken Sie sich folgendes: Ein Punkt hier verwandelt sich in seine Ebene, mit der er zusammengehört. Er verwandelt sich über dieses Gebilde. Die Verwandlung geht weiter, aber jetzt wird es imaginär, geht über das Imaginäre und kommt wieder zum Vorschein hier im Punkt. Es ist ein vollständiger Zyklus; es geht hinaus über die Fläche, aber über das Imaginäre, und kommt wieder zurück.

Wenn Sie sich das für den Raum vorstellen, gibt es eine eigentümliche Stimmung, und das ermöglicht, daß wir auch die richtigen Geometrien anwenden, wenn wir «Saturnzustand», «Sonnenzustand», «Mondenzustand»[7] noch stärker in Vorstellungen, in Bilder fassen wollen. Bei einem solchen Raume, wo wir überhaupt noch nichts Reelles gestaltet vor uns haben, können wir nicht an den Mondenzustand denken. Dort haben wir bereits eine Nullsphäre, wir haben dort schon ein Gebilde, das sich abgeschlackt hat.

Ich habe Ihnen bisher eine mathematische Haupteigenschaft von allen diesen Verwandlungen noch nicht ausgesprochen. Wollen wir das folgende noch hinzunehmen für einige, die es sofort verstehen können: Es handelt sich bei den Transformationen um eine Gruppe, eine kontinuierliche Gruppe. Das heißt folgendes: Ich gehe von einem Punkt P aus und denke, daß gleichzeitig, nachdem dieser Punkt sich

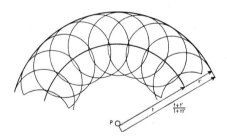

Figur 14

umgeformt hat in diese Kugel, alle Punkte auf dem Kugelumfang auch anfangen, sich zu verwandeln. Zuerst soll dieser Punkt P betrachtet werden. Er wird eine Kugel. Jetzt sollen alle Punkte auf der Oberfläche der Kugel anfangen, sich zu verwandeln. Sie werden sich zu Kugeln umformen. Die Kugeln umhüllen dann eine gewisse Fläche. Wenn Sie die umhüllte Fläche betrachten, so ist sie aus dem Punkt P geworden. (Fig. 14 stellt die entsprechende ebene Situation ausschnittweise dar. Dabei ist die konzentrisch gedachte, nicht gezeichnete Grundkurve als sehr groß angenom-

51

men. Die angegebenen Parameterwerte zeigen, daß der äußerste Kreis von P aus später erreicht wird, als wenn nach der Zeit t auf dem inneren Kreis neu «angesetzt» wird.) Das ist — mathematisch gesprochen — die Haupteigenschaft der ganzen Transformation. Wir werden uns also vorstellen, daß auch jeder Punkt der Oberfläche anfängt, sich zu metamorphosieren. Ich warte eine gewisse Zeit, erst t, dann t' ab, also $t + t'$. Es ergibt sich dabei eine bestimmte Hüllfläche, die auch vom Punkt P selbst erreicht wird und zwar nach der Zeit $\dfrac{t + t'}{1 + tt'}$. Das Gesetz für die Zusammensetzung der Transformationen heißt also

$$T(t)T(t') = T(\frac{t + t'}{1 + tt'}).$$

Es ist zugleich das Zusammensetzungsgesetz der Geschwindigkeiten bei der Relativitätstheorie.[54]

Darin ist etwas Wichtiges enthalten aus dem folgenden Grunde: Man spricht von der Wellenlehre des Lichtes. Das kann man sehr verschieden auffassen. Wenn Sie z. B. daran denken, wie Rudolf Steiner über die Wärmeleitung gesprochen hat und wir das mit dem Erwähnten in Zusammenhang bringen, kommen wir zu folgendem Bild: Wenn sich durch diesen Punkt eine Entität in den reellen Raum herein ergießt aus dem Imaginären, wird die Nachbarschaft nicht zu Schwingungen angeregt. Es ist gar nicht nötig, das anzunehmen. Diese Nachbarschaft wird nämlich zu etwas anderem angeregt dadurch, daß aus dem Imaginären in den reellen Raum die Entitäten hineinquellen. Wir müssen uns den Vorgang so vorstellen, daß nicht Wellen angeregt werden und ein unbekannter Äther da ist, der schwingt, sondern daß ständig der Bereich erweitert wird, innerhalb dessen durch die Punkte aus dem Überräumlichen, mathematisch Imaginären, die Sache in das Reelle hineinströmt. Und es ist die Eigenschaft, die ich hier genannt habe, das Huygenssche Prinzip für die Fortpflanzung des Lichtes. Man kann nun mit Hilfe der Brechungs- und Reflexionsgesetze sich sehr schön klarlegen, wie die Sache ist und hat nicht nötig, davon zu sprechen, daß etwas von einem Äther in Schwingungen versetzt wird, man muß nur voll Ernst aus der Anschauung heraus entnehmen, daß sich etwas aus dem Unräumlichen in das Räumliche ergießt. Dann ist das ein wunderbares Bild und man kann hier das Huygenssche Prinzip durchaus als das grundlegende Prinzip anerkennen. Auf das Weitere möchte ich nicht eingehen.

Wenn ich zusammenfasse: Was ergibt sich notwendigerweise für die Grundvorstellung aus der Sache heraus? Es ist das folgende: Es kann sich eine Entität aus dem Unräumlichen in das Räumliche ergießen und dieses Ergießen wird nach gewissen Gesetzen stattfinden. Es ist mehr ein Quellen bei der Wärme, ein Erstrahlen beim Licht. Ich will aber über diese Unterschiede jetzt nicht sprechen. Es geht bei allen diesen Strahlungsvorgängen im großen und ganzen nach dieser Metamorphose,

52

die wir gezeigt haben. Aber man darf nicht nur das (Teilprozesse?) ins Auge fassen, sondern muß bis zum Ende denken, auch wenn es in der Natur nicht realisiert ist.

Wir haben bei diesem Entgegenstrahlen gegen die polare Ebene, dann dem Wieder-Verschwinden in das Nichträumliche hinein aus der Natur der Sache heraus überhaupt vier verschiedene Möglichkeiten: Entweder die Möglichkeit, daß sich eine Entität ergießt aus einem Punkt P heraus als Quelle in den Raum hinein. Wenn wir weiter denken, müssen wir bis zur Ebene gehen. Dort verschwindet es wieder. Bei der elliptischen Geometrie kann man das rhythmisch machen, die wird man für den «Sonnenzustand» anwenden. Der Punkt P als Quelle ist das erste, was wir haben. Ich kann auch durch das polare Element, durch die Fläche in den Raum hineingehen, in das Reelle. Das ergibt für das gewöhnliche Verständnis aber eine Schwierigkeit. Als zweite Möglichkeit haben wir eine Fläche, eine Ebene. Natürlich gibt es noch weitere zwei Möglichkeiten. Es kann nämlich die Sache auch so vorgestellt werden, daß aus irgendeinem Grunde, wie das bei der Wärme der Fall ist, eine Entität in irgendeinen Punkt hinein verschwindet in das Imaginäre, daß also der Punkt nicht als Quelle, sondern als Senke, als Saugelement wirkt. Der Punkt kann auch ansaugen als Senke. Sie können nun sagen, nun, das sei dasselbe, wie wenn die Fläche quelle. Jedenfalls, wenn wir nicht zu allgemein sprechen, wenn wir nicht zu phantastisch allgemein sprechen, müssen wir schon die Sache unterscheiden. Wir haben in der Natur immer nur begrenzte Gebiete. Aber zu sagen, das sei dasselbe, wäre zuviel verlangt. Die vierte Möglichkeit ist, daß als Saugendes wirken kann, als Senke, die Fläche selbst.

Wir haben von vornherein in einer gewissen Übersicht die Sache anschauen wollen und sehen, wie da Wirkungen vorhanden sind, für die wir diese vier Fälle zugrunde legen müssen. Ich habe schon erwähnt, daß man z.B., wenn Sie sich die «Mondenzeit» vorstellen, man da mit einer Geometrie zu arbeiten hat, bei der bereits die Bildung einer reellen Kugelsphäre geschehen ist. Sie wissen, wie wunderbar da *Rudolf Steiner* die Scheidung von Oberem und Unterem schildert[55] — wie wunderbar gerade bei diesem Übergange die hyperbolische Geometrie! Es klingt merkwürdig in diesem Zusammenhang. Dagegen hat man beim «Sonnenzustand» eine (ausgeartete?)[56] elliptische Geometrie anzuwenden und beim festen Zustand die euklidische Geometrie. Aber ich will nicht näher darauf eingehen.

Zum Schluß möchte ich noch eine Bemerkung von *Rudolf Steiner* in Erinnerung rufen. Er sagte einmal, eigentlich sollten die Mathematiker das Hühnerei untersuchen und mit der Lobatschewskyschen Geometrie dabei operieren. Nun, sehen Sie, es ist selbstverständlich so, beim Hühnerei haben wir eine «Sphäre», die abgeschlossen ist, zwar nicht genau ein Ellipsoid — ich will aber auf die Umformung nicht eingehen.[57] In der Lobatschewskyschen Geometrie hat man nicht ernst genommen, was sich im Imaginären befindet. Für das Hühnerei existiert das aber, und was in seinem Innern vorgeht, das hängt mit dem Draußen zusammen. Es ist ganz eigentümlich, wie gerade durch das 5. Postulat des *Euklid* sozusagen das Tor geschlossen wurde, daß man nicht zu früh diese Zusammenhänge wieder in das Bewußtsein einleben konnte. Aber es ist, wenn man diese Entwicklung einmal hinter sich hat, eine selbstverständliche Sache; daß man das Hühnerei sofort als Realisierung in einfachster Form einer Lobatschewskyschen, nichteuklidischen Geometrie anschauen kann.

Diese Zusammenhänge werden sich im einzelnen noch näher verfolgen lassen. Ich habe Ihnen diese Andeutungen auch gemacht, um Ihnen zu zeigen, daß wir hier eine Möglichkeit haben, die Sache sehr präzis zu denken und zu fassen, was wir in ihren Kräftewirkungen haben. Doch wir wollen abschließen und ich hoffe, Ihnen damit einen kleinen Einblick gegeben zu haben von einer Arbeit, die hoffentlich noch viele weitere Mitarbeiter bekommen wird.

* Ergänzung: In den Notizen zu diesem Vortrag findet sich folgende Zusammenstellung, die die Bemerkungen über die Zuordnung der verschiedenen Geometrien zu den planetarischen Zuständen (im Sinne der «Geheimwissenschaft») in wichtiger Weise ergänzen. *

Saturn: Elliptische Geometrie. Absolutes Gebilde rein imaginär, nicht ausgeartet. Parameter bloß zeitlich.

Sonne: Polareuklidische Geometrie. Absolutes Gebilde rein imaginär, aber ausgeartet in Kegel.

Mond: Hyperbolische Geometrie. Absolutes Gebilde ist reell geworden.

Erde: Euklidische Geometrie. Absolutes Gebilde ist wieder ausgeartet in das polare Gebilde zum imaginären Kegel.

Zukunft: *Individualisierungen* des absoluten Gebildes.

* Diese Zuordnung sollte zunächst als Arbeitshypothese angesehen werden. *

Polarsysteme und damit zusammenhängende Berührungstransformationen
Das Prinzip von Huygens in der nichteuklidischen Geometrie

1. Einleitung

Wir denken uns ein nicht ausgeartetes Polarsystem in der Ebene oder im Raume vorgelegt. Die Bedeutung, welche im Aufbau der Geometrie den Polarsystemen zukommt, braucht hier nicht betont zu werden. Man betrachtete bisher eine Polarität im allgemeinen sozusagen ausschließlich nur als ein Korrespondenzprinzip, gemäß dem zum Beispiel die projektiven Eigenschaften des Punktraumes mit denen des Ebenenraumes formal identisch sind. Es liegt nahe, die Frage zu stellen, ob der Punktraum sich durch eine Folge von im allgemeinen stetigen Transformationen in den Ebenenraum überführen lasse. Um eine in der Natur der Sache begründete Lösung dieser zunächst etwas allgemeinen Frage zu finden, werden wir noch naheliegende Bedingungen hinzu nehmen. Es zeigt sich, daß die verlangte Umformung durch eine Gruppe von Berührungstransformationen geleistet werden kann. Hierbei sind die Transformationen von derart einfacher Natur, daß man wohl von *der* Lösung des gestellten Problemes sprechen darf. Man stößt hierbei auf die nichteuklidische Form der Dilatationsgruppe, also auf das *Huygenssche* Prinzip in der nichteuklidischen Geometrie.[58]

2. Erklärung der Transformationen in der Ebene

Wir legen vorbereitend zunächst ein ebenes Polarsystem zugrunde; nachher sollen die Verhältnisse im Raume ausführlicher behandelt werden. Jedes ebene, nicht ausgeartete Polarsystem bestimmt einen Kegelschnitt, dessen Gleichung in homogenen Punktkoordinaten x_i bei geeigneter Wahl des Koordinatensystems lautet:

$$(xx) \equiv x_1{}^2 + x_2{}^2 + \varepsilon x_3{}^2 = 0. \tag{1}$$

Hierbei ist ε reell, für $\varepsilon > 0$ ergibt sich eine nullteilige, für $\varepsilon < 0$ eine ovale Kurve. Der Kegelschnitt (1) heiße die *absolute Kurve*. Wir setzen abkürzend:

$$(\xi x) \equiv \xi_1 x_1 + \xi_2 x_2 + \varepsilon \xi_3 x_3. \tag{2}$$

Das Punktfeld soll nun durch eine einparametrige Schar von im allgemeinen stetigen Transformationen in das Geradenfeld derart übergeführt werden, daß hierbei ein Punkt in seine Polare bezüglich der absoluten Kurve umgeformt wird. Den Parameter t nennen wir kurz *Zeit*.

Bezeichnungen: Die Gleichung einer Geraden a schreiben wir in der Form

$$a_1 x_1 + a_2 x_2 + \varepsilon a_3 x_3 = 0$$

und nennen a_1, a_2, a_3 die Koordinaten von a.

Mit $x * a$ bezeichnen wir das folgende Linienelement: Das Zeichen links des Sternchens stellt den Punkt x $(x_1\ x_2\ x_3)$, das Zeichen rechts die Gerade a $(a_1\ a_2\ a_3)$ des Linienelementes dar. Zwischen den Größen x_1, x_2, x_3, a_1, a_2, a_3 besteht die Inzidenzbeziehung

$$(ax) = (xa) = 0. \tag{3}$$

Durch das Polarsystem wird dem Linienelement $\xi * a$ das Linienelement $a * \xi$ zugeordnet. Dem Punkt $\xi (\xi_1\ \xi_2\ \xi_3)$ entspricht nämlich die Gerade mit den Koordinaten ξ_1, ξ_2, ξ_3, und der Geraden $a (a_1,\ a_2,\ a_3)$ der Punkt mit den Koordinaten a_1, a_2, a_3. (Es liegt in der Sache, daß z. B. die Größen ξ_1, ξ_2, ξ_3 sowohl die Koordinaten eines Punktes als auch diejenigen einer Geraden bezeichnen. Es empfiehlt sich nicht, für den Punkt ξ und die Gerade ξ mit denselben Koordinatenwerten verschiedene Zeichen einzuführen; das Beiwort «Punkt» bzw. «Gerade» genügt.)

Das Linienelement $\xi * a$ (Zeit $t = 0$) werde nun wie folgt in das Linienelement $a * \xi$ (Zeit $t = \infty$) übergeführt: Der Punkt des Elementes bewege sich auf der Verbindungsgeraden $l = \xi a$ des Ausgangspunktes ξ mit dem Endpunkt a. Zur Zeit t sei der Punkt ξ nach x gelangt. Die Gerade des Elementes $\xi * a$ drehe sich hierbei um den Pol L von l in bezug auf die absolute Kurve. Zur Zeit t sei die Ausgangsgerade a in die Lage a gelangt; $x * a$ ist also das Linienelement zur Zeit t. Durch diese Operation werden die Linienelemente $\xi * a$ des festen *Punktes* ξ (a variabel mit $(\xi a) = 0$) in die Linienelemente der festen *Geraden* $\xi (\xi_1\ \xi_2\ \xi_3)$ übergeführt. Die Hauptschwierigkeit besteht darin, die der Zeit t entsprechenden Lagen der Elemente, welche aus den ∞^3 Elementen der Ebene hervorgehen, richtig zu koordinieren. Es wird sich zeigen, daß die folgende Koordinierung die richtige ist: Die Gerade $l = \xi a$ schneide die absolute Kurve in den (reellen oder imaginären) Punkten $e (e_1\ e_2\ e_3)$ und $e' (e_1'\ e_2'\ e_3')$. *Die Zeit t, die der Lage x des vom Ausgangspunkt ξ ausgehenden Punktes entspricht, sei gleich dem Doppelverhältnis der vier Punkte ξ, a, x, e:*

$$t = (\xi a x e) = (\overline{\xi x} : \overline{ax}) : (\overline{\xi e} : \overline{ae}). \tag{4}$$

Es zeigt sich, daß man aus jedem Ausgangselement ξa *zwei* Elemente $x * a$, $x' * a'$ hervorgehen lassen muß, die sich für $t = \infty$ zum Endelement $a * \xi$ vereinigen. Hierbei soll gelten:

$$t = (\xi a x e) = (\xi a x' e'). \tag{4'}$$

Im folgenden Abschnitt werden die Transformationsformeln für die geschilderten Operationen hergeleitet.

56

3. Analytische Darstellung

Zunächst bestimmen wir die Schnittpunkte e, e' der Verbindungsgeraden

$$\varrho x_i = \xi_i + \lambda a_i \quad (\varrho \text{ ein Proportionalitätsfaktor}, i = 1, 2, 3) \tag{5}$$

der Punkte ξ und a mit der absoluten Kurve. Aus

$$(\xi\xi) + 2\lambda (a\xi) + \lambda^2 (aa) = 0$$

folgt wegen $(a\xi) = 0$:

$$\lambda = +\sqrt{-\frac{(\xi\xi)}{(aa)}} \, , \qquad \lambda' = -\sqrt{-\frac{(\xi\xi)}{(aa)}} \, . \tag{6}$$

Somit:

$$\varrho e_i = \xi_i + \lambda a_i, \quad \varrho' e'_i = \xi_i + \lambda' a_i \, .$$

Sind

$$\varrho x_i = \xi_i + \mu a_i, \quad \varrho' x'_i = \xi_i + \mu' a_i \tag{7}$$

die Koordinaten des Punktes x bzw. x' zur Zeit t, so folgt aus (4), (4') und (7) die bekannte Beziehung

$$t = \frac{\mu}{\lambda}, \text{ also } \mu = \lambda t \text{ bzw. } \mu' = \lambda' t \, . \tag{8}$$

Somit:

$$\varrho x_i = \xi_i + \lambda t a_i, \quad \varrho' x'_i = \xi_i + \lambda' t a_i. \tag{9}$$

Für die Koordinaten von x (und auch von x') gelten wegen $(\xi a) = 0$ nach (6) und (9) die Beziehungen:

$$\varrho^2 (xx) = (\xi\xi) + 2\lambda t (\xi a) + \lambda^2 t^2 (aa) = (1 - t^2)\ (\xi\xi), \tag{10}$$

$$\varrho (\xi x) = (\xi\xi) + \lambda t (\xi a) = (\xi\xi). \tag{11}$$

Die Koordinaten der Punkte x, x' erfüllen somit die Gleichung:

$$\Omega (\xi_1 \xi_2 \xi_3 x_1 x_2 x_3 t) \equiv (\xi\xi)(xx) - (1 - t^2)(\xi x)^2 = 0. \tag{12}$$

Das ist die Gleichung *einer Kegelschnittschar*; jede Kurve der Schar berührt die absolute Kurve in ihren Schnittpunkten mit der Polaren $(\xi x) = 0$ des festen Punktes ξ. Wir können diese Kurven also nichteuklidische Kreise nennen. Für $t = 1$ ergibt sich die absolute Kurve selbst. Für $t = 0$ entartet offensichtlich der betreffende Kegelschnitt in das Paar der Tangenten vom Punkt ξ an die absolute Kurve. Für $t \to \infty$ ergibt sich als Grenzfall die doppelt zu zählende Polare des Punktes ξ.

Nun betrachten wir die Gerade $a\ (a_1 a_2 a_3)$ durch den Punkt ξ. Sie schneide die Polare von ξ im Punkte L, dem Pol der «Leitlinie» $l = \xi a$ des Punktes x. L und l sind polare Elemente für sämtliche Kurven der Schar (12). Die Gerade a $(a_1\, a_2\, a_3)$ des Elementes $x * a$ soll also die t-Kurve der Schar berühren. Zur Bestimmung von a_1, a_2, a_3 ist zunächst die Inzidenzbedingung

$$(ax) = 0 \tag{13}$$

zu erfüllen. In den laufenden Koordinaten X_i hat die Tangente an die t-Kurve die Gleichung

$$\Omega_1 X_1 + \Omega_2 X_2 + \Omega_3 X_3 = 0 \text{ mit } \Omega_i = \frac{\partial \Omega}{\partial x_i}. \tag{14}$$

Aus

$$\Omega_1 = 2\,(\xi\xi)\,x_1 - 2\,(1-t^2)\,(\xi x)\,\xi_1 = \frac{2}{\varrho}\,(\xi\xi)\,[\varrho x_1 - (1-t^2)\,\xi_1] =$$

$$= \frac{2}{\varrho}\,t\,(\xi\xi)\,[\lambda a_1 + t\xi_1],$$

$$\Omega_2 = \frac{2}{\varrho}\,t\,(\xi\xi)\,[\lambda a_2 + t\xi_2], \quad \Omega_3 = \frac{2}{\varrho}\,\varepsilon t\,(\xi\xi)\,[\lambda a_3 + t\xi_3]$$

folgt durch Einsetzen in (14) und Vergleich mit $(aX) = 0$ (mit σ als Proportionalitätsfaktor):

$$\sigma a_i = t\xi_i + \lambda a_i. \tag{15}$$

Für das Element $x' * a'$ entsprechend:

$$\sigma' a_i{}' = t\xi_i + \lambda' a_i. \tag{15'}$$

Die Formeln

$$\begin{cases} \varrho x_i = \xi_i + \lambda t a_i \\ \sigma a_i = t\xi_i + \lambda a_i \end{cases} \quad \text{mit } \lambda^2 = -\frac{(\xi\xi)}{(aa)} \tag{16}$$

stellen die im zweiten Abschnitt geschilderte Transformation dar; wir nennen sie $T(t)$ (bzw. $T'(t)$ für λ'). Sie führt das Linienelement $\xi * a$ in das Element $x * a$ (bzw. $x' * a'$) über. $T(t)$ bzw. $T'(t)$ *ist eine Berührungstransformation mit der Leitgleichung* (12).

Beweis: Es gilt für festes t:

$$\sum_{i=1}^{3} \frac{\partial \Omega}{\partial x_i}\,dx_i = -\sum_{i=1}^{3} \frac{\partial \Omega}{\partial \xi_i}\,d\xi_i. \tag{17}$$

Hieraus ergibt sich durch Einsetzen:

$$a_1\,dx_1 + a_2\,dx_2 + \varepsilon a_3\,dx_3 = \frac{\lambda\,(1-t^2)}{\varrho\sigma}\,(a_1\,d\xi_1 + a_2\,d\xi_2 + \varepsilon a_3\,d\xi_3).$$

Das ist aber die Bedingung dafür, daß durch $T(t)$ vereinigte Linienelemente wieder in vereinigte Elemente übergeführt werden.

58

Der Übergang des Punktfeldes in das Geradenfeld ist leicht zu überschauen: Die Linienelemente eines Punktes ξ entfernen sich im allgemeinen stetig von ξ derart, daß sie in jeder Lage einen Kegelschnitt bilden, der die absolute Kurve in ihren Schnittpunkten mit der Polaren von ξ berührt (also einen nichteuklidischen Kreis). Zur Zeit $t = 1$, die einen Ausnahmemoment darstellt, fallen sämtliche Linienelemente in diejenigen der absoluten Kurve. Weiter schmiegen sie sich dann für $t \to \infty$ von zwei Seiten her immer näher an die Polare des Ausgangspunktes ξ. Nach dieser allgemeinen Übersicht sind nun noch die Unstetigkeiten anzugeben.

Es können entweder der Punkt ξ, hingegen nicht die Gerade a, oder die Gerade a (als Tangente), hingegen nicht der Punkt ξ, oder sowohl der Punkt ξ als auch die Gerade a des Ausgangselementes $\xi * a$ der absoluten Kurve angehören. Wir schreiben zur Untersuchung die Formeln (16) in der Form:

$$\overline{\varrho x_i} = \xi_i \sqrt{(aa)} + ta_i \sqrt{-(\xi\xi)}, \quad \overline{\sigma a_i} = t\xi_i \sqrt{(aa)} + a_i \sqrt{-(\xi\xi)}. \tag{18}$$

Im ersten Falle gilt $(\xi\xi) = 0$, $(aa) \neq 0$. (18) liefert für jedes endliche, von Null verschiedene t das Element $x * a = \xi * \xi$. Das Ausgangselement dreht sich somit sprungweise um den Punkt ξ der absoluten Kurve in die Tangentenlage. Die Formeln lassen frei, wie für $t \to \infty$ das Element $\xi * a$ sich um den Punkt ξ in die Tangentenlage dreht.

Im zweiten Falle ist $(\xi\xi) \neq 0$, $(aa) = 0$. (18) liefert für jedes endliche, von Null verschiedene t das Element $x * a = a * a$. Das Ausgangselement $\xi * a$ verschiebt sich also ruckartig längs der Tangente a in das Element $a * a$, dessen Punkt der absoluten Kurve angehört. Wie für $t \to \infty$ diese Verschiebung längs a in die Endlage $a * a$ vollzogen wird, lassen die Formeln (18) offen.

Schließlich ist im dritten Falle $(\xi\xi) = (aa) = 0$, d. h. das Ausgangselement ist ein Linienelement der absoluten Kurve selbst. (18) läßt frei zu bestimmen, daß solche Elemente für alle t fest bleiben sollen.

Den einfachen Beweis, daß die Operationen $T(t)$ eine Gruppe bilden sowie den Zusammenhang mit den nichteuklidischen Geometrien, werden wir nachher allgemein für den Fall des räumlichen Polarsystems vortragen.

4. Realitätsverhältnisse

Für $\varepsilon > 0$, also eine nullteilige Kurve, wird für jedes reelle Linienelement $\xi * a$ sowohl $(\xi\xi) > 0$ als auch $(aa) > 0$. λ ist somit imaginär, die Transformation (16) führt für reelle, von Null verschiedene t-Werte reelle Ausgangselemente $\xi * a$ im allgemeinen durch das Imaginäre. Wählen wir aber t rein imaginär und führen den reellen Parameter $\tau = -t\sqrt{-1}$ ein, so kann man die Transformation *durchwegs reell* verlaufen lassen. Wir setzen:

$$t = \tau \sqrt{-1}, \quad \lambda = \sqrt{-1} \, \lambda^*, \quad \text{also} \quad \lambda^* = \sqrt{\frac{(\xi\xi)}{(aa)}} \, .$$

(16) schreiben wir also in der Form (σ ist nicht derselbe Proportionalitätsfaktor wie oben):

$$\varrho x_i = \xi_i - \tau \lambda^* a_i, \quad \sigma a_i = \tau \xi_i + \lambda^* a_i. \tag{19}$$

(12) erhält dann die Form:

$$(\xi\xi)(xx) - (1 + \tau^2)(\xi x)^2 = 0. \tag{20}$$

Im Falle $\varepsilon < 0$, also für eine ovale absolute Kurve, sind für die Bewegung eines Ausgangselemente $\xi * a$ drei Fälle zu unterscheiden:
Der Punkt ξ des Elementes liegt außerhalb der absoluten Kurve, d. h. $(\xi\xi) > 0$, und die Gerade a trifft sie nicht reell, d. h. $(aa) < 0$. Die Bewegung verläuft im Reellen.
Der Punkt ξ liegt außerhalb der absoluten Kurve, die Gerade a trifft sie reell, d. h. $(\xi\xi) > 0$, $(aa) > 0$. Die Bewegung erfolgt durch das Imaginäre.
Der Punkt ξ liegt im Inneren, die Gerade a schneidet somit reell, also $(\xi\xi) < 0$, $(aa) > 0$. Die Bewegung verläuft im Reellen. (Es ist naheliegend, im zweiten Falle die imaginären Bahnen durch reelle zu ersetzen, indem man an ihrer Stelle die reellen «Kreise» nimmt, welche die absolute Kurve von außen her berühren.)

5. Übersicht der Transformationen im Raume

Wir legen nunmehr ein nicht ausgeartetes räumliches Polarsystem zugrunde. Es bestimmt eine Quadrik, die wir die absolute Fläche nennen. Durch geeignete Wahl des Koordinatensystems hat diese in homogenen Punktkoordinaten x_1, x_2, x_3, x_4 die Gleichung

$$(xx) \equiv x_1{}^2 + x_2{}^2 + \varepsilon x_3{}^2 + \varepsilon' x_4{}^2 = 0. \tag{21}$$

Hierbei sind $\varepsilon, \varepsilon'$ reell. Für $\varepsilon > 0$, $\varepsilon' > 0$ stellt (21) eine nullteilige, für $\varepsilon > 0$, $\varepsilon' < 0$ eine ovale, für $\varepsilon < 0$, $\varepsilon' < 0$ eine ringartige Fläche dar. Wir schreiben abkürzend:

$$(\xi x) = \xi_1 x_1 + \xi_2 x_2 + \varepsilon \xi_3 x_3 + \varepsilon' \xi_4 x_4. \tag{22}$$

Bezeichnungen: Die Gleichung einer Ebene a schreiben wir in der Form

$$a_1 x_1 + a_2 x_2 + \varepsilon a_3 x_3 + \varepsilon' a_4 x_4 = 0, \quad \text{d. h. } (ax) = 0, \tag{23}$$

und nennen a_1, a_2, a_3, a_4 die Koordinaten der Ebene.

Mit $x * a$ bezeichnen wir das folgende *Flächenelement:* Das an *erster* Stelle stehende Zeichen x bedeute den *Punkt* des Flächenelementes, das an *zweiter* Stelle stehende Zeichen a seine Ebene a $(a_1 a_2 a_3 a_4)$. Die acht Größen $x_1, x_2, x_3, x_4, a_1, a_2,$

a_3, a_4 sind die Koordinaten des Flächenelementes; wegen der Homogenität und der Inzidenzbedingung

$$(ax) = 0 \qquad (24)$$

handelt es sich um wesentlich *fünf* Größen.

Mit diesen Bezeichnungen gilt: Das zugrunde gelegte Polarsystem ordnet dem *Punkt* ξ ($\xi_1 \xi_2 \xi_3 \xi_4$) die *Ebene* ξ ($\xi_1 \xi_2 \ \xi_3 \xi_4$), der *Ebene* a ($a_1 a_2 a_3 a_4$) den *Punkt* a ($a_1 a_2 a_3 a_4$) zu. Dem Flächenelement $\xi * a$ entspricht somit das Flächenelement $a * \xi$.

Es handelt sich nun darum, jeden Punkt ξ des Raumes durch eine Folge von im allgemeinen stetigen Transformationen in die zugehörige Polarebene bezüglich der absoluten Fläche umzuformen. Hierbei sollen die sämtlichen ∞^2 Flächenelemente des *Punktes* ξ im allgemeinen stetig in die ∞^2 Flächenelemente der *Polarebene* ξ übergeführt werden.

Zunächst soll die Bewegung geschildert werden, der das Ausgangselement $\xi * a$ unterworfen wird. Der Punkt des Elementes beschreibe die Verbindungsgerade $l = \xi a$ des Ausgangspunktes ξ mit dem End*punkt* a, dem Pol der *Ebene* a. d sei die Schnittgerade der Ausgangsebene a mit der Polar*ebene* ξ des *Punktes* ξ. Die Ausgangsebene a drehe sich um d. Die *Leitlinie* l und die *Drehlinie* d sind konjugierte Polaren des Polarsystems. Der wesentliche Umstand besteht nun wiederum darin, diese Bewegungen der verschiedenen Flächenelemente des Raumes richtig zu koordinieren, das heißt anzugeben, welche Lagen «gleichzeitig» erreicht werden sollen. Der Ausgangslage ordnen wir die Zeit $t = 0$ zu. Wir setzen fest: Zur Zeit $t = 1$ sollen sämtliche ∞^5 Flächenelemente des Raumes in solche Lagen gelangen, in denen sie die absolute Fläche berühren. Die Zeit $t = 1$ stellt einen Ausnahmemoment dar. Die folgende allgemeine Zeitfestlegung wird den soeben erwähnten Sonderfall in sich schließen.

Es seien e, e' die (reellen oder imaginären) Schnittpunkte der Leitlinie l des Ausgangselementes $\xi * a$ mit der absoluten Fläche. Nun seien dem Element $\xi * a$ zur Zeit t (ungleich 0 und ungleich ∞) *zwei* Lagen $x * a$ und $x' * a'$ derart zugeordnet, daß die Doppelverhältnisse $(\xi a x e)$ bzw. $(\xi a x' e')$ den Wert t haben:

$$(\xi a x e) = (\xi a x' e') = t. \qquad (25)$$

Das Ausgangselement $\xi * a$ wird also in *zwei* Elemente aufgelöst, die sich für $t = \infty$ im Endelement $a * \xi$ wieder vereinigen sollen.

6. Analytische Darstellung der Transformation im Raume

Wir bestimmen für die im vorausgegangenen Abschnitt geschilderten Bewegungen der einzelnen Flächenelemente die entsprechenden Transformationsformeln. Die Leitlinie l mit den Punkten

$$\varrho x_i = \xi_i + \lambda a_i$$

schneidet die absolute Fläche in den Punkten e, e'; für die zugehörigen Parameterwerte λ ergibt sich wegen der Inzidenzrelation durch Einsetzen in (21):

$$\lambda = + \sqrt{-\frac{(\xi\xi)}{(aa)}}, \quad \lambda' = -\sqrt{-\frac{(\xi\xi)}{(aa)}}; \tag{26}$$

$$\varrho e_i = \xi_i + \lambda a_i, \quad \varrho' e'_i = \xi_i + \lambda' a_i. \tag{27}$$

Ist das Element $\xi * a$ zur Zeit t in die Lage $x * a$ bzw. $x' * a'$ gelangt und machen wir den Ansatz

$$\varrho x_i = \xi_i + \mu a_i \quad \text{bzw.} \quad \varrho' x'_i = \xi_i + \mu' a_i,$$

so ergibt sich wegen (25) in bekannter Weise $t = \mu/\lambda$ bzw. $t = \mu'/\lambda'$. Für den Punkt x bzw. x' des Elementes $x * a$ bzw. $x' * a'$ gilt also:

$$\varrho x_i = \xi_i + \lambda t a_i, \quad \varrho' x'_i = \xi_i + \lambda' t a_i, \tag{28}$$

wofür wir oft nur $\varrho x_i = \xi_i + \lambda t a_i$ schreiben.

Für die derart bestimmten Koordinaten gelten die Beziehungen:

$$\varrho^2 (xx) = (\xi\xi) + 2\lambda t (\xi a) + \lambda^2 t^2 (aa) = (1 - t^2) (\xi\xi), \tag{29}$$

$$\varrho (\xi x) = (\xi\xi) + \lambda t (\xi a) = (\xi\xi). \tag{30}$$

Die Koordinaten x_i erfüllen also die Gleichung:

$$\Omega (\xi_1 \xi_2 \xi_3 \xi_4 x_1 x_2 x_3 x_4 t) \equiv (\xi\xi) (xx) - (1 - t^2) (\xi x)^2 = 0. \tag{31}$$

Für jeden festen Punkt ξ stellt (31) eine Schar von Quadriken dar mit dem Parameter t. *Alle Flächen der Schar berühren die absolute Fläche längs der Kurve, in der jene von der Polarebene des Punktes ξ geschnitten wird,* wie man aus der Gleichung (31) sofort ablesen kann. Wir können sie also nichteuklidische Kugeln nennen. Für $t = 0$ ergibt sich als Ausartung der Kegel mit der Spitze ξ, der die absolute Fläche berührt. Für $t = 1$ liefert (31) die absolute Fläche. Für $t = \infty$ ergibt sich die doppelt zu zählende Polarebene des Punktes ξ.

Den ∞^2 Flächenelementen des Punktes ξ entsprechen somit zur Zeit t lauter Flächenelemente, deren Punkte x, x' auf der Quadrik (31) liegen. Nun sollen die Ebenen der Elemente nach Abschnitt 5 sämtlich durch die Polare d der Geraden $l = \xi a$ gehen. d und l sind aber nicht nur bezüglich der absoluten Fläche, sondern auch bezüglich jeder Quadrik der Schar (31) konjugiert. Es sind also die Ebenenkoordinaten a_i des Elementes $x * a$ derart zu bestimmen, daß die Ebene

$$(aX) = 0 \tag{32}$$

(laufende Punktkoordinaten X_i) die entsprechende Quadrik berührt. Die Gleichung der Tangentialebene im Punkte x der Quadrik (31) lautet:

$$\sum_{i=1}^{4} \Omega_i X_i = 0 \quad \text{mit} \quad \Omega_i = \frac{\partial \Omega}{\partial x_i} .$$ (33)

Eine leichte Rechnung ergibt mit Hilfe von (30) und (28):

$$\Omega_1 = \frac{2}{\varrho} t \, (\xi\xi) \, (t\xi_1 + \lambda a_1), \text{ usw.}$$ (34)

Vergleichen von (32) und (33) liefert mit σ als Proportionalitätsfaktor:

$$\sigma a_i = t\xi_i + \lambda a_i, \text{ entsprechend } \sigma' a_i' = t\xi_i + \lambda' a_i.$$ (35)

Die Transformation $T\,(t)$ (bzw. $T'\,(t)$ für λ')

$$\begin{cases} \varrho x_i = \xi_i + \lambda t a_i \\ \sigma a_i = t\xi_i + \lambda a_i \end{cases} \quad \text{mit} \quad \lambda^2 = - \frac{(\xi\xi)}{(aa)}$$ (36)

führt also das Ausgangselement durch die Stationen $x * a$ bzw. $x' * a'$ in das End-element $a * \xi$ über. Die Flächenelemente des festen Punktes ξ gehen hierbei über in die Flächenelemente einer Quadrik, welche sich für $t \to \infty$ der Polarebene des Punktes ξ anschmiegt.

Daß $T\,(t)$ bzw. $T'\,(t)$ wirklich eine Berührungstransformation mit der Leitglei-chung (31) darstellt, ist leicht direkt zu beweisen: Für jedes feste t folgt aus (31):

$$\sum_{i=1}^{4} \frac{\partial \Omega}{\partial x_i} dx_i = - \sum_{i=1}^{4} \frac{\partial \Omega}{\partial \xi_i} d\xi_i .$$ (37)

Durch Einsetzen erhält man hieraus nach kurzer Rechnung:

$$a_1 \, dx_1 + a_2 \, dx_2 + \varepsilon a_3 \, dx_3 + \varepsilon' a_4 \, dx_4 = \frac{\lambda \, (1 - t^2)}{\varrho \sigma} \, (a_1 \, d\xi_1 + a_2 \, d\xi_2 + \varepsilon a_3 \, d\xi_3 + \varepsilon' a_4 \, d\xi_4).$$ (38)

Diese Relation ist aber bekanntlich die Bedingung dafür, daß vereinigte Elemente wieder in vereinigte Elemente transformiert werden.

Es ist leicht zu überblicken, wie sich ein Punkt des Punktraumes in die ent-sprechende Ebene des Ebenenraumes umwandelt: Seine Flächenelemente — wobei jedes sich in zwei aufspaltet — entfernen sich im allgemeinen stetig von ihm derart, daß sie ständig eine Quadrik (nichteuklidische Kugel) umhüllen, welche die absolute Fläche berührt. Im Ausnahmemoment $t = 1$ werden die Flächenelemente aller Punkte zu Elementen der absoluten Fläche. Für $t \to \infty$ schmiegen sie sich von zwei Seiten her immer näher an die Polarebene des Ausgangspunktes.

Aus den Bemerkungen am Schlusse von Abschnitt 3 für den Fall der Ebene sind die Unstetigkeiten für die Transformationen im Raume ohne weiteres klar.

7. Die Umformung des Geradenraumes

Jetzt prüfen wir, wie eine Gerade umgeformt wird, d. h. in welche Gebilde die ∞^2 Flächenelemente einer Geraden g transformiert werden. Betrachten wir zuerst alle Elemente, deren Punkte der Geraden g angehören und deren Ebenen in der festen Ebene a $(a_1 a_2 a_3 a_4)$ durch g liegen. Diese Elemente bilden den *Streifen* g/a. Jedes Element $\xi * a$ des Streifens g/a hat die Verbindungsgerade der *Punkte* ξ und a zur Leitlinie. Die Leitlinien der sämtlichen Elemente des Streifens bilden somit das Strahlenbüschel $a\,(g)$. Die Ebene des Büschels schneidet die absolute Fläche in einem Kegelschnitt G. Die Elemente, die in G die absolute Fläche berühren, stellen die Stationen der vom Streifen g/a ausgehenden Elemente zur Zeit $t = 1$ dar. Zur Zeit $t = (\xi a x e) = (\xi a x'e')$ bilden die Punkte x, x' der entsprechenden Stationen somit einen Kegelschnitt G_t, der zu $G_1 = G$ zentrisch kollinear ist, wobei der *Punkt* a das Zentrum, g die Achse und t die Charakteristik der zentrischen Kollineation bedeuten.

Betrachten wir jetzt die sämtlichen Flächenelemente, deren Punkte alle in den festen Punkt ξ auf g fallen und deren Ebenen alle durch g laufen, d. h. das *Elementenbüschel* ξ/g. Die Leitlinien der Elemente dieses Büschels bilden das Strahlenbüschel $\xi\,(h)$, wobei h die bezüglich der absoluten Fläche konjugierte Polare zu g ist. Zur Zeit $t = 1$ gelangen die Punkte dieser Elemente in die Schnittkurve H der Ebene ξh mit der absoluten Fläche. Den Punktort H_t für die Zeit t erhält man aus dieser Kurve $H = H_1$ durch die zentrische Kollineation mit dem Zentrum ξ, der Achse h und der Charakteristik t.

Um den Punktort der sämtlichen Elemente der Geraden g zur Zeit t zu finden, können wir somit entweder die Schnittkurven G der Ebenen des Büschels mit dem Träger g oder die Schnittkurven der Ebenen des Büschels mit dem Träger h mit der absoluten Fläche, kurz das Netz (G) bzw. (H) geeignet kollinear umformen. Die Leitlinien der sämtlichen Elemente der Geraden g bilden die lineare Kongruenz mit den Achsen g und h.

Die aus den Flächenelementen einer Geraden g durch $T\,(t)$ und $T'\,(t)$ hervorgehenden Elemente bilden eine Quadrik $\Phi\,(g, t)$, welche die absolute Fläche in ihren vier Schnittpunkten mit g und h, der Polaren von g, berührt.

Beweis:
g schneide die absolute Fläche in den Punkten $\eta\,(\eta_1 \eta_2 \eta_3 \eta_4)$ und $\zeta\,(\zeta_1 \zeta_2 \zeta_3 \zeta_4)$; die Polare h von g schneide die absolute Fläche in den Punkten $\beta\,(\beta_1 \beta_2 \beta_3 \beta_4)$ und $\gamma\,(\gamma_1 \gamma_2 \gamma_3 \gamma_4)$. Die Punkte β, γ sind die Berührungspunkte der Tangentialebenen durch g, η und ζ die Berührungspunkte der Tangentialebenen durch h. Die Geraden $\beta\eta$, $\beta\zeta$, $\gamma\eta$, $\gamma\zeta$ sind Erzeugende der absoluten Fläche. Laut Voraussetzung bestehen die acht Beziehungen:

$$(\beta\beta) = 0, \quad (\gamma\gamma) = 0, \quad (\eta\eta) = 0, \quad (\zeta\zeta) = 0, \tag{39}$$

$$(\beta\eta) = 0, \quad (\beta\zeta) = 0, \quad (\gamma\eta) = 0, \quad (\gamma\zeta) = 0. \tag{40}$$

Die Koordinaten ξ_i, a_i jedes Flächenelementes $\xi * a$ der Geraden g lassen sich nun mit Hilfe der Parameter μ, ν in der Form darstellen:

$$\xi_i = \eta_i + \mu \zeta_i, \quad a_i = \beta_i + \nu \gamma_i \tag{41}$$

Wegen (39) und (40) ist die Inzidenzbedingung $(\xi a) = 0$ erfüllt. Ferner wird:

$$(\xi\xi) = 2\mu\,(\eta\zeta), \quad (aa) = 2\nu\,(\beta\gamma);$$

also:

$$\lambda^2 = -\frac{(\xi\xi)}{(aa)} = -\frac{\mu\,(\eta\zeta)}{\nu\,(\beta\gamma)}. \tag{42}$$

Unterwerfen wir das Element $\xi * a$ der Transformation (36), so gelten infolge (39), (40), (41) die Beziehungen:

$$\varrho\,(\beta x) = \lambda t\,(\beta\gamma)\,\nu, \quad \varrho\,(\gamma x) = \lambda t\,(\beta\gamma),$$

$$\varrho\,(\eta x) = (\eta\zeta)\,\mu, \quad \varrho\,(\zeta x) = (\eta\zeta);$$

somit wegen (42):

$$\frac{(\beta x)\,(\gamma x)}{(\eta x)\,(\zeta x)} = -\frac{(\beta\gamma)}{(\eta\zeta)}\,t^2.$$

Der Ort $\Phi\,(g, t)$ der Elemente $x * a$ ist also die Quadrik mit der Gleichung:

$$(\eta\zeta)\,(\beta x)\,(\gamma x) + t^2\,(\beta\gamma)\,(\eta x)\,(\zeta x) = 0, \tag{43}$$

aus der sich auch die im obigen Satze angegebenen Eigenschaften ablesen lassen.

8. Realitätsverhältnisse

Wir nehmen das Ausgangselement $\xi * a$ immer reell an. Ist die absolute Fläche oval, also $\varepsilon > 0$ und $\varepsilon' < 0$, so sind wie in der Ebene drei Fälle zu unterscheiden.

Liegt erstens der Punkt ξ im Äußeren und schneidet die Ebene a des Elementes $\xi * a$ die absolute Fläche nicht reell, also $(\xi\xi) > 0$ und $(aa) < 0$, so verläuft die Bewegung im Reellen.

Liegt zweitens der Punkt ξ im Äußeren, schneidet aber die Ebene a die absolute Fläche reell, also $(\xi\xi) > 0$ und $(aa) > 0$, so erfolgt die Bewegung durch das Imaginäre (sie kann aber leicht durch eine reelle Bewegung dargestellt werden, indem man statt der imaginären Flächenteile die reellen Kugelteile nimmt, welche die absolute Fläche von außen berühren).

Liegt drittens der Punkt ξ im Innern, schneidet also die Ebene a die absolute Fläche immer reell, so wird $(\xi\xi) < 0$ und $(aa) > 0$. Die Bewegung solcher Elemente verläuft also durchwegs im Reellen.

Im Falle einer nullteiligen Fläche ($\varepsilon > 0$, $\varepsilon' > 0$) als absoluter Fläche ist für jedes reelle Ausgangselement $\xi * a$ sowohl $(\xi\xi) > 0$ als auch $(aa) > 0$; die Bewegung verläuft also durchwegs imaginär, sofern wir den Parameter t *reell* gegen ∞ wachsen lassen. Wir können aber in diesem Falle die Bewegung sämtlicher Elemente auch durchwegs reell verlaufen lassen. Wir setzen dazu wie in Abschnitt 4:

$$t = \tau \sqrt{-1}, \quad \lambda = \lambda^* \sqrt{-1}, \quad \text{also } \lambda^* = \sqrt{\frac{(\xi\xi)}{(aa)}} \ . \tag{44}$$

An Stelle von (36) tritt:

$$T(\tau) \begin{cases} \varrho x_i = \xi_i - \tau\lambda^* a_i \\ \sigma a_i = \tau\xi_i + \lambda^* a_i \end{cases} ; \quad (\tau \text{ reell}) \tag{45}$$

und an Stelle von (31):

$$(\xi\xi)(xx) - (1 + \tau^2)(\xi x)^2 = 0. \tag{46}$$

Ist die absolute Fläche ringartig, so können auch hier für reelle t-Werte gewisse Bahnteile imaginär werden. Dies ist für solche Ausgangselemente $\xi * a$ der Fall, für welche die Verbindungsgerade des Punktes ξ mit dem Pol der Ebene a die Fläche nicht reell schneidet.

9. Die Gruppe der nichteuklidischen Dilatationen

Die Transformationen $T(t)$ (bzw. $T'(t)$):

$$\varrho x_i = \xi_i + \lambda t a_i, \quad \sigma a_i = t\xi_i + \lambda a_i \tag{47}$$

bilden eine einparametrige Gruppe.
Beweis: Durch $T(t)$ wird das Flächenelement $\xi * a$ in das Element $x * a$ übergeführt:

$$(\xi * a) T(t) = x * a \ .$$

Nun wenden wir die Transformation $T(t')$ mit dem Parameter t' auf das Element $x * a$ an; $y * b$ sei das hervorgehende Element (ϱ', σ' sind Proportionalitätsfaktoren):

$$\begin{cases} \varrho' y_i = x_i + \varLambda t' a_i \\ \sigma' b_i = t' x_i + \varLambda a_i \end{cases} \quad \text{mit } \varLambda = \sqrt{-\frac{(xx)}{(aa)}} = \frac{\sigma}{\varrho} \quad \text{(nach (29))}.$$

Einsetzen von (47) liefert:

$$\varrho\varrho' y_i = (1 + tt')\xi_i + \lambda(t + t') a_i,$$
$$\varrho\sigma' b_i = (t + t')\xi_i + \lambda(1 + tt') a_i$$

oder

$$\varrho'' y_i = \xi_i + \lambda \frac{t + t'}{1 + tt'} a_i \ , \quad \sigma'' b_i = \frac{t + t'}{1 + tt'} \xi_i + \lambda a_i \ , \tag{48}$$

wobei ϱ'', σ'' wieder Proportionalitätsfaktoren darstellen. (48) zeigt, daß die Folge der Operationen $T\,(t)$, $T\,(t')$ wieder eine Operation derselben Art liefert. Das Gesetz der Zusammensetzung lautet nach (48):

$$T\,(t)\,T\,(t') = T\left(\frac{t+t'}{1+tt'}\right).\qquad(49)$$

Entsprechend erhält man für die Transformation (45) mit dem Parameter τ das Gesetz:

$$T\,(\tau)\,T\,(\tau') = T\left(\frac{\tau+\tau'}{1-\tau\tau'}\right).\qquad(50)$$

Führt man statt t bzw. τ den Parameter s ein gemäß

$$\tanh s = t \ \ \text{bzw.} \ \ \tan s = \tau,\qquad(51)$$

so lautet das Gruppengesetz (49) bzw. (50) einfach

$$T\,(s)\,T\,(s') = T\,(s+s').\qquad(52)$$

Der neue Parameter s stellt (abgesehen von einer hier unwesentlichen multiplikativen Konstanten) die nichteuklidische Entfernung des Punktes x vom festen Ausgangspunkt ξ dar. Es gilt nämlich im hyperbolischen Fall einer ovalen absoluten Fläche für die Entfernung $\overline{\xi x}$ bekanntlich:

$$\cosh^2 \overline{\xi x} = \frac{(\xi x)^2}{(\xi\xi)\,(xx)}\ ;$$

für den elliptischen Fall (nullteilige absolute Fläche) ist der hyperbolische Kosinus durch den Kreiskosinus zu ersetzen. Nach (31) bzw. (46) wird somit

$$1-t^2 = \frac{1}{\cosh^2 \overline{\xi x}} \ \ \text{bzw.} \ \ 1+\tau^2 = \frac{1}{\cos^2 \overline{\xi x}}\ ,$$

woraus (51) folgt für $\overline{\xi x} = s$.

Der euklidische Sonderfall. Entartet die absolute Fläche in den absoluten Kugelkreis, so erhalten wir aus unserer Transformationsgruppe eine wohlbekannte Gruppe von Berührungstransformationen. Die Quadriken, in welche ein Punkt ξ übergeführt wird, berühren die absolute Fläche längs eines Kegelschnittes. Im euklidischen Falle sind also diese Quadriken gewöhnliche Kugeln.

Die konjugierte Polare h einer Geraden g wird im euklidischen Fall durch die zu g senkrechte Stellung geliefert. β, γ (siehe Abschnitt 7) sind die (imaginären) Schnittpunkte der unendlich fernen Geraden h mit dem Kugelkreis. Seine (imaginären) Tangenten in β, γ schneiden sich im unendlich fernen (reellen) Punkt der Geraden g. Das im Abschnitt 7 erwähnte Tetraeder $\beta\gamma\eta\zeta$ artet in das Dreieck mit den Ecken β, γ, $\eta \equiv \zeta$ aus. Von den vier Erzeugenden $\beta\eta$, $\beta\zeta$, $\gamma\eta$, $\gamma\zeta$ des absoluten Gebildes fallen je zwei zusammen. *Die Quadriken Φ (g, t), in welche die Gerade g übergeführt wird, sind Drehzylinder mit g als Achse.*

Im euklidischen Falle ergibt sich somit die Gruppe der räumlichen Dilatationen. Da diese Gruppe den wesentlichen Inhalt des Huygensschen Prinzips darstellt, dürfen wir sagen:

Die betrachtete Gruppe von Berührungstransformationen, welche den Punktraum in den gemäß einem gegebenen Polarsystem entsprechenden Ebenenraum überführen, ist die Gruppe der nichteuklidischen Dilatationen; sie stellt also die nichteuklidische Form des Huygensschen Prinzips dar.

10. Schlußbemerkung

In der nichteuklidischen Geometrie sind die Begriffe Streckenmaß und Winkelmaß *formal* identisch. Mit Hilfe der nichteuklidischen Dilatationen ist es möglich, die formale Identität zu einer inhaltlichen zu erweitern in dem Sinne, daß beide Begriffe demselben Oberbegriff subsummiert werden können.

Wir schildern hier noch kurz die Verhältnisse in der ebenen Geometrie. Es seien $x * a$, $y * b$ zwei Linienelemente. Aus einem nachher ersichtlichen Grunde nennen wir das Elementenpaar $x * a$, $y * b$ *meßbar*, wenn beide Elemente Linienelemente desselben nichteuklidischen Kreises darstellen. Ein Tangentenpaar der absoluten Kurve sowie die (doppelt zu zählenden) Geraden rechnen wir als Ausartungen auch zu den Kreisen.

Zwei Elemente bestimmen einen *Winkel*, wenn ihre Punkte zusammenfallen: Winkel $(x * a, x * b)$.

Zwei Elemente bestimmen eine *Strecke*, wenn ihre Geraden zusammenfallen: Strecke $(x * a, y * a)$.

Solche besonderen Elementenpaare sollen also auch meßbar heißen.

Einem meßbaren Elementenpaar $x * a$, $y * b$ werden wir nun ein Maß M $(x * a, y * b)$ zuordnen, das die folgenden Eigenschaften besitzt:

1. Für ein Paar $x * a$, $x * b$ sei M das übliche Winkelmaß.

2. Für ein Paar $x * a$, $y * a$ sei M das übliche Streckenmaß.

3. M sei gegenüber der Dilatationsgruppe invariant.

Es sei $x * a$, $y * b$ ein meßbares Elementenpaar; u, v seien die Berührungspunkte des Kreises, dem die Elemente angehören, mit der absoluten Kurve, w der Schnittpunkt der Tangenten in u, v. Die Schnittpunkte der Geraden xw, yw mit der Geraden uv nennen wir a', b'; die Schnittpunkte der Geraden a, b mit uv nennen wir a'', b''.

Die vier Punkte u, v, x, y des Kreises bestimmen das Doppelverhältnis $(uvxy)$, das auch gleich ist dem Doppelverhältnis der Tangenten in ihnen. Nach einem bekannten Satz[59] gilt:

$$(uvxy)^2 = (uvab)^2 = (uva'b') = (uva''b'').\qquad(53)$$

Wir setzen nun für ein meßbares Elementenpaar $x * a,\ y * b$:

$$M\ (x * a,\ y * b) = 2\ln\ (uvxy) = 2\ln\ (uvab) =$$
$$= \ln\ (uva'b') = \ln\ (uva''b'').\qquad(54)$$

Die derart definierte Größe M erfüllt offenbar die drei obigen Bedingungen.

Anwendungen und Verallgemeinerungen seien einer weiteren Arbeit vorbehalten.

Anmerkung: Die Verallgemeinerung obiger Transformationen auf den Fall einer beliebigen nicht involutorischen Reziprozität im projektiven P_n wird gegeben in der Arbeit «*Stetige Vermittlung der Korrelationen*» (S. 70).

Stetige Vermittlung der Korrelationen

1. Einleitung

Eine Korrelation in der Ebene kann aufgefaßt werden als eine Abbildung der Mannigfaltigkeit der Linienelemente auf sich. Hierbei gehen die Linienelemente eines Punktes in diejenigen einer Geraden, die Linienelemente einer Geraden in diejenigen eines Punktes über. Es stellt sich die Frage, wie diese Abbildung durch eine kontinuierliche Transformation vermittelt werden kann. Im Raume handelt es sich darum, die mit einer Korrelation gegebene Abbildung der Mannigfaltigkeit der Flächenelemente auf sich durch eine kontinuierliche Transformation zu bewirken. Für den besonderen Fall der Polarität findet sich bei *Lie*[24] eine Bemerkung zu diesem Problem. Im folgenden gebe ich eine naheliegende Lösung, die für den Sonderfall der Polarität einen besonders anschaulichen Zugang zu den nichteuklidischen Geometrien darstellt, indem sie das *Huygenssche* Prinzip verallgemeinert.

2. Bezeichnungen

Die Korrelation sei gegeben durch die Gleichung

$$(x'x) \equiv \Sigma a_{ik} x'_i x_k = 0 \ , \quad (i, k = 1, 2, \ldots, n), \tag{1}$$

wobei die bilineare Form $(x'x)$ im allgemeinen unsymmetrisch ist und die Größen x'_i, x_k homogene Punktkoordinaten darstellen. Für die Ebene ist $n = 3$, für den Raum $n = 4$. Wir sprechen im folgenden der Kürze wegen die Ergebnisse für $n = 3$ aus, geben aber die Formeln für ein allgemeines n.

Die Korrelation (1) ordnet dem Punkt x die Gerade u', der Geraden u den Punkt x' zu. Die Koordinaten u_i' der Geraden u' und die Koordinaten x_i' des Punktes x' sind gegeben durch

$$\varrho u_i' = \Sigma_k a_{ik} x_k \ , \quad \sigma x_i' = \Sigma_k A_{ik} u_k \ , \tag{2}$$

wobei die A_{ik} die Adjunkten der a_{ik} sind.

Mit $x * u$ bezeichnen wir das Linienelement (Flächenelement), das durch den Punkt x und die Gerade u (Ebene u) bestimmt ist. Es gilt also die Inzidenzbedingung $\Sigma u_i x_i = 0$. Die Korrelation (1) bildet die Elemente $x * u$ auf die Elemente $x' * u'$ ab. Die *Kernkurve* der Korrelation, d. h. die Kurve, deren Punkte in mit ihnen inzidente

Geraden übergeführt werden, hat die Gleichung $(xx) \equiv \Sigma a_{ik} x_i x_k = 0$. Das *Kern-büschel* der Korrelation, d.h. das Büschel, dessen Strahlen mit den ihnen zugeordneten Punkten inzidieren, hat die Gleichung $\langle uu \rangle \equiv \Sigma A_{ik} u_i u_k = 0$.

Wir brauchen im folgenden die Abkürzungen:

$$(yz) \equiv \Sigma a_{ik} y_i z_k \ , \quad \langle vw \rangle \equiv \Sigma A_{ik} v_i w_k \ . \tag{3}$$

Die Korrelation (1) gibt die Abbildung $x' * u' = f(x * u)$. Es soll nun das Ausgangselement $x * u$ im allgemeinen *stetig* in das ihm gemäß der Korrelation zugeordnete Endelement $x' * u'$ übergeführt werden. Der Zwischenlage $X * U$ sei der Parameter t zugeordnet, den wir kurz als Zeit ansprechen. $t = 0$ und ∞ mögen der Anfangs- bzw. der Endlage zugeordnet sein.

3. Lineare Führung

Es ist naheliegend, das Anfangselement $x * u$ derart zu führen, daß der Punkt x des Elementes sich auf der Verbindungsgeraden xx' bewegt, und die Gerade u des Elementes sich um den Schnittpunkt uu' dreht. Wir nennen dies eine «lineare Führung». Sie gibt den Ansatz:

$$\tau X_i = x_i + \lambda t x_i' \ , \quad \tau' U_i = u_i + \mu t u_i' \ . \tag{4}$$

τ, τ' sind Proportionalitätsfaktoren der homogenen Koordinaten. x_i', u_i' sind durch (2) gegeben, während λ und μ Funktionen von $x_1, x_2, \ldots, u_1, u_2, \ldots$ darstellen, über die noch verfügt werden kann. Zunächst ist die Inzidenzbedingung $\Sigma X_i U_i = 0$ zu erfüllen. Sie ergibt wegen $\Sigma u_i x_i = 0$ und $\Sigma u_i' x_i' = 0$:

$$\frac{1}{\sigma} t\lambda \langle uu \rangle + \frac{1}{\varrho} \mu t (xx) = 0 \quad \text{oder} \quad \frac{\lambda}{\mu} = -\frac{\sigma}{\varrho} \frac{(xx)}{\langle uu \rangle} \ . \tag{5}$$

Ist $\varDelta$ die Determinante (a_{ik}), so gelten die später zu verwendenden Beziehungen:

$$(x'x') = \Sigma a_{ik} x_i' x_k' = \frac{\varDelta}{\sigma} \Sigma u_k x_k' = \frac{\varDelta}{\sigma^2} \Sigma A_{ki} u_k u_i = \frac{\varDelta}{\sigma^2} \langle uu \rangle \ ; \tag{6}$$

entsprechend:

$$\langle u'u' \rangle = \frac{\varDelta}{\varrho^2} (xx) \ . \tag{7}$$

4. Leitgleichungen

Jedem festen Punkt x ordnen wir eine mit der Zeit variierende Kurve zweiter Ordnung, jeder festen Geraden u ein mit der Zeit variierendes Büschel zweiter Klasse zu. In den laufenden Punktkoordinaten X_i, bzw. Geradenkoordinaten U_i lauten deren Gleichungen:

$$\Omega_t \equiv (xx)\,(XX) - (xX)\,(Xx) + t^2\,(Xx)^2 = 0 \ , \tag{8}$$

$$\Psi_t \equiv \langle uu \rangle \langle UU \rangle - \langle uU \rangle \langle Uu \rangle + t^2 \langle Uu \rangle^2 = 0 \ . \tag{9}$$

Für $t = \infty$ stellt $\Omega_\infty = 0$, d.h. $(Xx)^2 = 0$, die doppelt zu zählende Gerade u', $\Psi_\infty = 0$, d.h. $\langle Uu \rangle^2 = 0$, den doppelt zu zählenden Punkt x' dar. In der Tat ist

$$(Xx) \equiv \Sigma a_{ik} X_i x_k = \varrho \Sigma u_i' X_i \ , \quad \langle Uu \rangle \equiv \Sigma A_{ik} U_i u_k = \sigma \Sigma x_i' U_i \ .$$

$\Omega_0 = 0$ stellt ein Geradenpaar dar, nämlich die beiden Geraden des Kernbüschels, die durch x gehen. $\Psi_0 = 0$ bestimmt ein Punktepaar, nämlich die beiden Punkte der Kernkurve, die auf u liegen.

Die Gebilde, die sich aus (8) und (9) für $t = 1$ ergeben, nennen wir die *Eichkurve* des Punktes x, bzw. das *Eichbüschel* der Geraden u.

5. *Bestimmung von λ und μ*

Nun verlangen wir, daß zur Zeit t der Punkt X des Elementes $X * U$ der Kurve $\Omega_t = 0$, die Gerade U hingegen dem Büschel $\Psi_t = 0$ angehöre. Hierzu sind in (8) und (9) die Ansätze (4) einzuführen. Aus den Beziehungen

$$\tau^2\,(XX) = \Sigma a_{ik}\,(x_i + \lambda t x_i')\,(x_k + \lambda t x_k') = (xx) + \lambda t\,(xx') + \lambda^2 t^2\,(x'x') \ ,$$
$$\tau\,(xX) = (xx) + \lambda t\,(xx') \ , \quad \tau\,(Xx) = (xx) \ ,$$

$$\tau'^2 \langle UU \rangle = \Sigma A_{ik}\,(u_i + \mu t u_i')\,(u_k + \mu t u_k') = \langle uu \rangle + \mu t \langle uu' \rangle + \mu^2 t^2 \langle u'u' \rangle \ ,$$
$$\tau' \langle uU \rangle = \langle uu \rangle + \mu t \langle uu' \rangle \ , \quad \tau' \langle Uu \rangle = \langle uu \rangle$$

ergibt sich:

$$\tau^2 \Omega_t = (xx)\,t^2\,[\,(x'x')\,\lambda^2 + (xx)\,] \ , \quad \tau'^2 \Psi_t = \langle uu \rangle\,t^2\,[\langle u'u' \rangle \mu^2 + \langle uu \rangle] \ .$$

Die geforderte Inzidenz mit $\Omega_t = 0$, bzw. $\Psi_t = 0$ ist somit erfüllt für:

$$\lambda^2 = - \frac{(xx)}{(x'x')} \quad \text{und} \quad \mu^2 = - \frac{\langle uu \rangle}{\langle u'u' \rangle} \ .$$

Wegen (6) und (7) kann man auch schreiben:

$$\lambda^2 = - \frac{\sigma^2}{\Delta} \frac{(xx)}{\langle uu \rangle} \ , \quad \mu^2 = - \frac{\varrho^2}{\Delta} \frac{\langle uu \rangle}{(xx)} \ . \tag{10}$$

Der Ansatz

$$\tau X_i = x_i + \lambda t x_i' = x_i + t \sqrt{- \frac{(xx)}{\langle uu \rangle \Delta}}\, \sigma x_i' \ ,$$

$$\tau' U_i = u_i + \mu t u_i' = u_i - t \sqrt{-\frac{\langle uu \rangle}{(xx)\,\Delta}}\,\varrho u_i'$$

erfüllt auch die Inzidenzbedingung (5), wobei die Wurzeln mit denselben Vorzeichen zu nehmen sind. Die Gleichungen

$$\tau X_i = x_i + t \sqrt{-\frac{(xx)}{\langle uu \rangle\,\Delta}}\,\sum_k A_{ik} u_k \;, \quad \tau' U_i = u_i - t \sqrt{-\frac{\langle uu \rangle}{(xx)\,\Delta}}\,\sum_k a_{ik} x_k \quad (11)$$

stellen also für jedes feste t ein Element $X * U$ dar, ferner gehört zur Zeit t der Punkt X des Elementes der Leitkurve $\Omega_t = 0$, die Gerade U dem Leitbüschel $\Psi_t = 0$ an.

6. Ergebnis

Die Gleichungen (11) liefern, wenn t von 0 bis ∞ wächst, eine im allgemeinen stetige Überführung des Ausgangselementes $x * u$ in das Endelement $x' * u'$, das dem ersteren durch die Korrelation (1) zugeordnet ist. Hierbei löst sich $x * u$ in zwei Elemente auf (verschiedene Vorzeichen der Wurzel), die sich für $t \to \infty$ im Endelement wieder vereinigen. Die Führung ist linear. Die sämtlichen Elemente des Punktes x verwandeln sich in Elemente $X * U$, deren Geraden zur Zeit t das Büschel $\Psi_t = 0$ bilden, während ihre Punkte X die Kurve $\Omega_t = 0$ darstellen. Da bei einer allgemeinen Korrelation ($a_{ik} \neq a_{ki}$) das Tangentenbüschel von $\Omega_t = 0$ nicht identisch ist mit dem Büschel $\Psi_t = 0$, stellt unsere kontinuierliche Transformation keine Berührungstransformation, sondern eine allgemeine Transformation dar. Es ist nicht schwer, ihre Unstetigkeiten zu überblicken. Sie treten für die Punkte der Kernkurve und die Strahlen des Kernbüschels ein. Auch die Realitätsverhältnisse sind leicht zu überschauen.

7. Stetige Vermittlung der Polaritäten

Ist die zugrunde gelegte Bilinearform $(x'x)$ symmetrisch, d.h. $a_{ik} = a_{ki}$, so heißen die Leitgleichungen (8) und (9):

$$\Omega_t \equiv (xx)\,(XX) - (1-t^2)\,(xX)^2 = 0 \;, \quad \Psi_t \equiv \langle uu \rangle \langle UU \rangle - (1-t^2)\,\langle uU \rangle^2 = 0 \;.$$
$$(12)$$

Für $t = 1$ ergibt sich die Fundamentalkurve $(XX) = 0$ der Polarität, bzw. deren Tangentenbüschel $\langle UU \rangle = 0$.

Die kontinuierliche Transformation (11) *stellt im Falle der Polarität eine Berührungstransformation dar.* $\Omega_t = 0$ ist ihre Leitgleichung. Der Beweis ergibt sich daraus, daß die Ausdrücke (11) außer der Gleichung $\Omega_t = 0$ in diesem Falle auch den Bedingungen

73

$$\Sigma \frac{\partial \Omega}{\partial x_i}\, u_i = 0 \quad \text{und} \quad \Sigma \frac{\partial \Omega}{\partial X_i}\, U_i = 0$$

genügen.

$\Omega_t = 0$ stellt den Kegelschnitt dar, der die Fundamentalkurve in deren Schnitt-punkten mit der Polaren $(xX) = 0$ des Punktes x berührt, d.h. einen nichteuklidi-schen Kreis. Ein Punkt x als Gesamtheit seiner Linienelemente verwandelt sich somit in nichteuklidische Kreise, die schließlich in die doppelt zu zählende Polare u' von x ausarten. Der Parameter t, der bisher als Zeit angesprochen wurde, gibt ein Maß für den Radius des «Kreises» $\Omega_t = 0$.

Es bedeute $(x * u)\, T\, (t) = X * U$ die Transformation (11) mit $a_{ik} = a_{ki}$. Führt man $(x * u)\, T\, (t)$ und $(X * U)\, T\, (t')$ hintereinander aus, so ergibt sich

$$T(t')\, T(t) = T(t'') \quad \text{mit} \quad t'' = \frac{t + t'}{1 + tt'} \ . \tag{13}$$

Mit $\tanh s = t$ erhält (13) die Form $s'' = s + s'$. Ferner

$$\cosh^2 s = \frac{(xX)^2}{(xx)\,(XX)}\ , \ (s \text{ als Abstandsmaß der Punkte } x \text{ und } X)\,.$$

(11) *stellt also die eingliedrige Gruppe der nichteuklidischen Dilatationen, das heißt das nichteuklidisch gefaßte Huygenssche Prinzip dar.*

8. Inhomogene Formeln

Der Übersicht wegen geben wir noch die Formeln in inhomogenen kartesischen Punktkoordinaten x, y, z und zugehörigen Ebenenkoordinaten u, v, w für die Polari-tät, die durch die Kugel $x^2 + y^2 + z^2 - 1 = 0$ bestimmt ist. Die kontinuierliche Trans-formation, welche das Element $xyzuvw$ in das entsprechende Element $x'y'z'u'v'w'$ überführt (Inzidenzbedingung: $UX + VY + WZ + 1 = 0$) lautet:

$$X = \frac{x - \lambda tu}{1 + \lambda t}\ , \quad Y = \frac{y - \lambda tv}{1 + \lambda t}\ , \quad Z = \frac{z - \lambda tw}{1 + \lambda t}\ ,$$

$$U = \frac{\lambda u - tx}{\lambda + t}\ , \quad V = \frac{\lambda v - ty}{\lambda + t}\ , \quad W = \frac{\lambda w - tz}{\lambda + t}\ ;$$

$$\lambda = \pm \sqrt{-(x^2 + y^2 + z^2 - 1) : (u^2 + v^2 + w^2 - 1)}\ .$$

Die Leitgleichung erhält die Form:

$$(x^2 + y^2 + z^2 - 1)\,(X^2 + Y^2 + Z^2 - 1) - (1 - t^2)\,(xX + yY + zZ - 1)^2 = 0\ .$$

9. Nichteuklidische Drehzylinder

Wir verwenden wieder homogene Koordinaten und die früheren Bezeichnungen. Die Geraden des Raumes ($n = 4$) verwandeln sich bei der stetigen Vermittlung einer Polarität in nichteuklidische Drehzylinder. Sind b und c die (reellen oder imaginären) Schnittpunkte der Geraden g, d und e die Schnittpunkte der Polaren h von g mit der Fundamentalfläche, so erhält man als Gleichung für den Ort der Flächenelemente, die aus den mit g inzidenten ($t = 0$) Flächenelementen zur Zeit t hervorgehen:

$$(bc) \, (dX) \, (eX) + t^2 \, (de) \, (bX) \, (cX) = 0 \ .$$

Diese Quadriken berühren die Fundamentalfläche der Polarität in ihren Schnittpunkten mit g und h.

Mit diesem und dem in Nr. 7 gezeigten Ergebnis läßt sich die kontinuierliche Vermittlung der Polarität gut überschauen. Ferner bemerken wir, daß die formale Identität zwischen Winkel- und Längenmaß in den nicht ausgearteten Maßbestimmungen nunmehr in dem Sinne zu einer inhaltlichen erweitert erscheint, daß Winkel und Strecken stetig ineinander übergeführt werden können.

Das Imaginäre in der Geometrie

I

1. Einleitung

Imaginäre Gebilde lassen sich auf wesentlich verschiedene Arten durch reelle Bilder veranschaulichen. Die übliche Abbildung der komplexen Zahlen $z = x + iy$ im rechtwinkligen (x, y)-System oder auf der Riemannschen Zahlenkugel eignet sich insbesondere zur anschaulichen Darstellung dafür, welchen Bereich eine analytische Funktion $w = f(z)$ irgendeinem Bereiche der unabhängigen Variablen z zuordnet. Wie nützlich auch diese Darstellung für viele Untersuchungen ist, so läßt sie den Geometer in einer Hinsicht doch unbefriedigt. Die ∞^2 komplexen Punkte einer Geraden, z. B. die Punkte $x = a + ia'$ (a, a' reell) der x-Achse, werden durch die reellen Punkte einer *Ebene* versinnbildlicht, wodurch die nichtreellen Punkte der Geraden von dieser als ihrem Träger losgelöst erscheinen. Will man Geometrie in der Ebene mit Einschluß des Komplexen pflegen, so müßte man bei Festhalten der in der Funktionstheorie üblichen Darstellung jeder Geraden der Ebene eine besondere Ebene zuordnen, um die reellen Bilder der komplexen Punkte der betreffenden Geraden unterzubringen.

Bekanntlich hat *von Staudt*[60] diejenige reelle Darstellung der komplexen Elemente des Raumes (Punkt, Gerade, Ebene) gefunden, welche unmittelbar dem Wesen der Sache entspricht. Der Grund dafür, daß eine selbstverständliche Handhabung dieser Darstellung noch verhältnismäßig wenig verbreitet ist, liegt wohl darin, daß man die *von-Staudtsche* Theorie gewöhnlich sogleich rein projektiv entwickelt. Natürlich bildet die projektive Theorie der Involutionen den Kern der Sache. Zur Einführung fragt es sich jedoch, ob man dem Anschauungsvermögen nicht entgegenkommen kann durch eine handgreiflichere Verbildlichung der Involutionen. Die folgenden Ausführungen[61] sollen zeigen, daß dies wohl möglich ist. Um nur wenige Kenntnisse vorauszusetzen, wollen wir hierbei von vornherein auch metrische Begriffe verwenden. Unser Ziel sei, isotrope Geraden, imaginäre Kegelschnitte, imaginäre Tangenten, die geradlinigen Erzeugenden einer Kugel usw. zu einer Anschaulichkeit zu bringen, die mehr als ein bloß schematisches Bild bedeutet, welches man sich natürlich auf mannigfache Art verschaffen kann. Im ersten Teil beschränken wir uns in der Hauptsache auf die komplexen Elemente einer reellen Ebene. Im zweiten Teil werden die wesentlich komplizierteren Verhältnisse im Raume beschrieben. Hierbei bemühen wir uns, vor allem die anschaulichen Bilder zu vermitteln und die Beweise nur knapp so weit anzuführen, als es für die sich dafür Interessierenden nötig ist.

2. Der Pfeil eines imaginären Punktes

Zunächst führen wir den Grundbegriff ein, mit dem wir ständig arbeiten.

Die Punkte einer Geraden g seien zu Paaren A, A₁ und B, B₁ und C, C₁ usw. derart zusammengefaßt, daß für einen gewissen festen Punkt M von g und ein beliebiges Paar P, P₁ die Beziehung

$$MP \cdot MP_1 = k = \text{konstant} \tag{1}$$

besteht. Eine solche Paarung heißt *Involution* [62]; M ist der Mittelpunkt, k die Potenz der Involution. Der dem Mittelpunkt M gemäß (1) zugeordnete Punkt ist der unendlichferne Punkt von g.

Hierbei werden die Strecken MP, MP_1 mit demselben Vorzeichen in Rechnung gesetzt, sofern die Richtung von M nach P mit der Richtung von M nach P_1 übereinstimmt. Je nachdem die Konstante k, die Potenz der Involution, positiv oder negativ ist, haben also die Strecken MP, MP_1 irgendeines Paares dieselben oder entgegengesetzte Richtungen. Wählen wir auf der Geraden g den Nullpunkt und Einheitspunkt eines Koordinatensystems und sind a, x, x_1 die Koordinaten von M, P und P_1, so wird die Involution also durch die Beziehung $(x - a)(x_1 - a) = k$ (a, k reell) festgelegt. Bei positivem k heißt die Involution *hyperbolisch*, für negatives k *elliptisch*. Für $k = 0$ ergibt sich die «ausgeartete Involution», in der jedes Paar zugeordneter Punkte den Mittelpunkt enthält.

Wir erinnern noch an einige sich aus der Erklärung leicht ergebende Eigenschaften der Involutionen:

Jede Involution geht durch Projizieren in eine gleichartige Involution über.

Eine Involution ist bestimmt durch zwei Paare A, A_1 und B, B_1 zugeordneter Punkte.

In einer elliptischen Involution trennen sich zwei Paare zugeordneter Punkte.

Ist A, A_1 ein Paar zugeordneter Punkte einer elliptischen Involution, so gibt es genau ein Paar B, B_1 dieser Involution, das A, A_1 *harmonisch* trennt. Die Konstruktion von B, B_1 zu gegebenem A geben wir an späterer Stelle [63].

Eine nicht ausgeartete Involution enthält genau zwei Doppelpunkte, d. h. zwei Punkte, die sich selbst zugeordnet sind. In der Tat liefert die Gleichung $(x - a)(x - a) = k$ die beiden Lösungen $x = a \pm \sqrt{k}$. Die Doppelpunkte sind reell für eine hyperbolische, komplex für eine elliptische Involution. Jedes Paar P, P_1 zugeordneter Punkte trennt in beiden Fällen die Doppelpunkte harmonisch.

Durchläuft P die Punktreihe in einem bestimmten Sinne, so durchläuft der in einer elliptischen Involution zugeordnete Punkt P_1 die Punktreihe im gleichen Sinne, bei einer hyperbolischen Involution hingegen im entgegengesetzten Sinne. Wir können die Doppelpunkte einer hyperbolischen Involution als *die Treffpunkte dieser entgegengesetzten Bewegungen* auffassen. Bei einer elliptischen Involution treffen sich die zugeordneten Punkte P, P_1 im Reellen nicht. Die elliptische Involution bestimmt aber eindeutig zwei imaginäre[64] Punkte als Doppelpunkte. Durchläuft P die Punktreihe in einem bestimmten Sinne, so wird durch eine elliptische Involution dieser Bewegung von P eine gleichsinnige Bewegung des entsprechenden Punktes P_1 zugeordnet.

Diese koordinierten Bewegungen betrachten wir als reelles Bild des einen imaginären Doppelpunktes; der andere imaginäre Doppelpunkt wird gegeben durch die koordinierten Bewegungen in entgegengesetzter Richtung. Kurz: Eine *gerichtete* elliptische Involution stellt einen imaginären Punkt dar, und umgekehrt kann jeder imaginäre Punkt der betrachteten Geraden durch eine gerichtete elliptische Involution gegeben werden.

Für eine lebendige Anschauung sind diese koordinierten Bewegungen das Wesentliche. Die Bewegungen lassen sich aber in *einem* geometrischen Bilde nicht festhalten. Wir wollen deshalb ein *Zeichen* einführen, das diese Bewegungen (d. h. die gerichtete elliptische Involution) eindeutig festlegt. Wir geben den Mittelpunkt M der Involution und einen der beiden Hauptpunkte N, N_1. Das sind die beiden einander zugeordneten Punkte, die von M denselben Abstand haben. Ist h dieser Abstand und hat M die Koordinate a, so lautet die Gleichung der elliptischen Involution

$$(x - a)\,(x_1 - a) = - h^2. \tag{2}$$

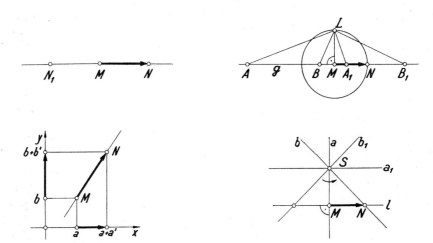

Figuren 1 bis 4

Der von M nach N oder N_1 weisende Pfeil sei das geometrische Zeichen für die gerichtete elliptische Involution (Fig. 1). Der Pfeil MN bestimmt den einen, der Pfeil MN_1 den anderen (konjugiert komplexen) Doppelpunkt der elliptischen Involution.

78

Durchläuft der Punkt P die Strecke MN, so bewegt sich der entsprechende Punkt P_1 im gleichen Sinne vom unendlichfernen Punkt nach N_1; bewegt sich P von N aus weiter, so läuft P_1 von N_1 gegen M hin.

Jedem imaginären Punkt auf der betrachteten Geraden ist auf diese Weise ein Pfeil zugeordnet.[65] Wird der Imaginärteil der Koordinate $a + ih$ Null, so strebt auch die Länge des Pfeiles gegen Null. Wir sagen deshalb auch, daß den reellen Punkten Pfeile der Länge Null entsprechen.

Die imaginären Punkte auf der unendlichfernen Geraden einer Ebene lassen sich allerdings nicht durch Pfeile geben. Wir werden darauf noch zurückkommen.

Ist eine gerichtete elliptische Involution durch den Pfeil MN auf der Geraden g gegeben und soll die harmonische Darstellung ABA_1B_1 dieser Involution von dem gegebenen Punkte A aus konstruiert werden, so kann man wie folgt vorgehen (Fig. 2): Um M zeichne man den Kreis mit dem Radius MN und wählt den einen Kreispunkt L, für den LMN ein rechter Winkel ist. A_1 ist der Schnittpunkt der zu AL normalen Geraden durch L mit g. Die Winkelhalbierenden des rechten Winkels ALA_1 liefern B, B_1. Hierbei ist darauf zu achten, daß die Punktfolge ABA_1B_1 die Richtung des Pfeiles besitzt.

3. Die imaginären Punkte in der Ebene und im Raume

Die Gesamtheit der ∞^4 Pfeile (eingeschlossen die Pfeile von der Länge Null) der Ebene stellen uns die Zeichen der sämtlichen imaginären und reellen Punkte der Ebene dar. Hat ein Punkt P in einem rechtwinkligen (x,y)-System (mit gleichen Einheiten auf beiden Achsen) die komplexen Koordinaten $x = a + ia'$, $y = b + ib'$ (a, a', b, b' reell), so findet man den Pfeil MN von P gemäß Figur 3: Der Punkt wird dargestellt durch die gerichtete elliptische Involution mit dem Mittelpunkt M (a, b), der Potenz $-(a'^2 + b'^2)$ und dem Sinne $(a, b) \rightarrow (a + a', b + b')$. (In der Figur sind a' und b' positiv angenommen.)

Ebenso einfach ergibt sich: Der Punkt $P(x, y, z)$ im Raume mit den Koordinaten $x = a + ia'$, $y = b + ib'$, $z = c + ic'$ wird gegeben durch die gerichtete Involution mit dem Mittelpunkt M (a, b, c), der Potenz $-(a'^2 + b'^2 + c'^2)$ und dem Sinne $(a, b, c) \rightarrow (a + a', b + b', c + c')$.

Hiermit ist jedem (vorläufig unter Ausschluß der unendlichfernen Punkte) der ∞^6 Raumpunkte, deren Koordinaten beliebige komplexe Zahlen sind, umkehrbar eindeutig ein geometrisches Gebilde zugeordnet. Nochmals sei betont, daß wir hierbei die durch eine gerichtete elliptische Involution gegebenen koordinierten Bewegungen als das sachgemäße Bild betrachten; der Pfeil ist uns nur ein Kurzzeichen für diese Bewegungen.

4. Die Geraden einer Ebene

Liegt eine gerichtete elliptische Involution (etwa gegeben durch einen Pfeil) auf der Geraden l vor und projiziert man deren Punkte von einem beliebigen außerhalb l liegenden Punkte S aus, so wird im Strahlenbüschel (S) eine gerichtete elliptische Strahleninvolution festgelegt. Eine besondere elliptische Strahleninvolution in (S) ist die *Rechtwinkelinvolution*, in der jeder Geraden durch S die zu ihr normale Gerade durch S zugeordnet wird. Es ist nicht nötig, näher zu erklären, was unter der harmonischen Darstellung aba_1b_1 einer gerichteten elliptischen Strahleninvolution zu verstehen ist.

Es erweist sich gemäß dem Dualitätsgesetz in der Ebene als sachgemäß zu erklären: *Eine gerichtete elliptische Strahleninvolution ist das Bild einer imaginären Geraden.* Da es im Raume imaginäre Gerade gibt, die sich nicht auf diese Weise geben lassen, nennen wir die eben eingeführten imaginären Geraden *spezielle* imaginäre Geraden.[66] Daß zwischen den imaginären Geraden der Ebene und den gerichteten elliptischen Strahleninvolutionen eine umkehrbar eindeutige Beziehung besteht, wird sich aus dem folgenden ergeben.

Der imaginäre Punkt $P(ABA_1B_1)$ liegt in der reellen Geraden g, wenn die Elemente der Involution ABA_1B_1, das heißt der Pfeil von P[67] in g liegt. Durch einen imaginären Punkt geht somit (in der Ebene) genau eine reelle Gerade. Der imaginäre Punkt $P(ABA_1B_1)$ liegt in der imaginären Geraden $g(aba_1b_1)$, wenn die darstellenden Punkt- und Strahleninvolutionen einschließlich ihres Sinnes perspektiv sind. In einer imaginären Geraden liegt genau ein reeller Punkt, nämlich der Träger S der die Gerade darstellenden gerichteten elliptischen Involution.

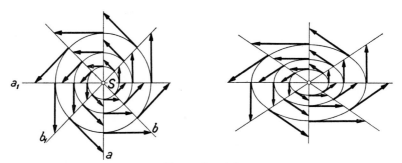

Figuren 5 und 6

Nun wollen wir uns einen Überblick über die sämtlichen imaginären Punkte einer imaginären Geraden verschaffen. (Die sämtlichen Punkte einer reellen Geraden g werden einfach durch alle Pfeile, die in g liegen, dargestellt.) Es genügt hierzu, die Verhältnisse bei einer *isotropen* Geraden zu untersuchen, d. h. bei einer imaginären Geraden, die durch eine gerichtete Rechtwinkelinvolution gegeben ist.

Ist a, a_1 ein Rechtwinkelpaar (Fig. 4) und b, b_1 das zu a, a_1 harmonisch liegende Rechtwinkelpaar, so schneidet die zu a senkrechte Gerade l die gerichtete Rechtwinkelinvolution in einer gerichteten elliptischen Punktinvolution, deren Pfeildarstellung MN sofort anzugeben ist: M ist der Schnitt von l mit a, N der Schnitt von l mit b. Hiernach lassen sich die sämtlichen Punkte einer isotropen Geraden leicht überschauen. Figur 5 deutet die entsprechenden Pfeile an. Kurz: *Eine isotrope Gerade liefert einen rotatorischen ebenen Wirbel.* Der einzige reelle Punkt der isotropen Geraden ist der Wirbelmittelpunkt.

Jede Strahleninvolution kann offenbar durch eine Affinität, sogar durch eine orthogonale Affinität in eine Rechtwinkelinvolution übergeführt werden. Hieraus ergibt sich das Bild (Fig. 6) für die imaginären Punkte irgendeiner imaginären Geraden der Ebene. *Eine spezielle imaginäre Gerade liefert einen ebenen Wirbel.*

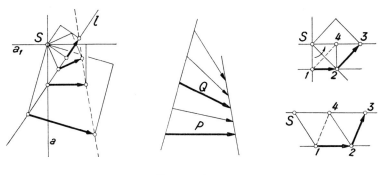

Figuren 7 bis 10

Wir geben weiter das Bild für alle diejenigen Punkte einer imaginären Geraden, für welche die Anfangspunkte ihrer Pfeile einer Geraden l angehören. Figur 7 zeigt dies für eine isotrope Gerade. Die Endpunkte der Pfeile liegen in einer Geraden. (Dies schließt man etwa mit Hilfe des folgenden Satzes: Verändert sich ein Quadrat derart, daß eine Ecke S festliegt und eine Nachbarecke von S eine Gerade beschreibt, so beschreiben auch die übrigen zwei Ecken Geraden.) Hieraus folgt durch Affinität:

Gehören die Anfangspunkte von Pfeilen, die Punkte einer speziellen imaginären Geraden g darstellen, einer Geraden l an, so bilden die Endpunkte eine zur Reihe der Anfangspunkte ähnliche Punktreihe.

Sind zwei Punkte P, Q (d. h. ihre Pfeile) einer speziellen imaginären Geraden gegeben, so lassen sich auf Grund dieses Satzes leicht weitere Punkte dieser Geraden konstruieren (Fig. 8).

Zwei Pfeile nennen wir *zusammenhängend*, wenn der Endpunkt des einen der beiden Pfeile zugleich der Anfangspunkt des andern ist. Zwei zusammenhängende Pfeile haben zum Träger S (zum reellen Punkt) der Geraden eine besondere Lage, deren Beachtung uns noch nützlich sein wird. Figur 9 zeigt zwei solche Pfeile *12, 23*, die einer isotropen Geraden angehören (d. h. Punkte dieser Geraden darstellen). Hieraus folgt durch Affinität die in Figur 10 gegebene Konstruktion des Trägers S der Geraden, von der zwei zusammenhängende Pfeile *12,23* gegeben sind: *1234* und *124S* sind Parallelogramme.

Figur 11 zeigt schließlich noch diejenigen Pfeile einer speziellen imaginären Geraden, die in den reellen Geraden eines Büschels (T) liegen. (In der Figur ist eine isotrope Gerade angenommen; der allgemeine Fall ergibt sich durch affine Umformung.)

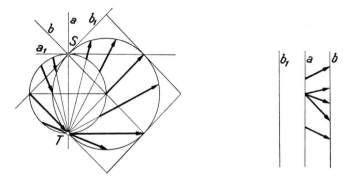

Figuren 11 und 12

Es ist noch ein Spezialfall zu erwähnen: Eine gerichtete elliptische Strahleninvolution aba_1b_1 in einem Büschel paralleler Geraden gibt eine spezielle imaginäre Gerade mit unendlichfernem Träger S. Die Anfangspunkte aller Pfeile dieser Geraden liegen in der Geraden a des Büschels, der in der Involution die unendlichferne Gerade a_1 zugeordnet ist, die Endpunkte liegen in einer Geraden b, deren zugeordnete b_1 von a denselben Abstand hat wie b (Fig. 12).

Die erläuterte Lage der Pfeile, welche die Punkte einer imaginären Geraden liefern, läßt sich auch leicht analytisch aus der Gleichung $Ax + By + C = 0$ herleiten, wobei A, B, C beliebige komplexe Koeffizienten sind.

Schneidet man eine gerichtete elliptische Strahleninvolution mit der unendlichfernen Geraden der Ebene, so ergibt sich als Schnitt eine gerichtete elliptische Punktinvolution, die einen imaginären Punkt dieser Geraden bestimmt.

5. Verbinden und Schneiden in der Ebene

A. Zwei Punkte P, Q bestimmen genau eine Gerade g, die P und Q enthält.

B. Zwei Geraden p, q bestimmen genau einen Punkt G, der auf p und q liegt.

Beweis zu A. Sind P, Q reell, so ist nichts zu beweisen. Ist P reell und Q imaginär, so ist g imaginär, sofern P nicht auf der Geraden des Pfeiles Q liegt. P ist der Träger der g darstellenden, zur Involution von Q perspektiven Strahleninvolution.

Sind P, Q imaginär, so ist g imaginär, sofern P, Q nicht derselben reellen Geraden angehören. g muß dargestellt werden durch eine gerichtete elliptische Strahleninvolution, die zu den P und Q darstellenden gerichteten Punktinvolutionen einschließlich des Sinnes perspektiv ist. Ist U der Schnittpunkt (Fig. 13) der Geraden der Pfeile P, Q, so bestimme man die harmonischen Darstellungen UVU_1V_1, $UV'U'_1V'_1$ (nach Fig. 2) der P,Q darstellenden Involutionen. Die Verbindungsgeraden $U_1U'_1 = u_1$,

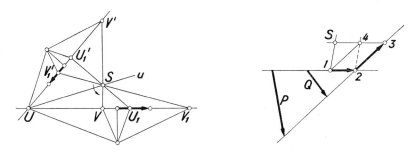

Figuren 13 und 14

$VV' = v$, $V_1V'_1 = v_1$ gehen dann durch einen Punkt S. Die Geraden $u = SU$, u_1, v, v_1 bestimmen die gerichtete elliptische Strahleninvolution uvu_1v_1, welche die gesuchte Gerade g darstellt.

Einfacher ist die in Figur 14 gegebene Konstruktion mit Hilfe der früher gemachten Bemerkung über zusammenhängende Pfeile. Zunächst kann man aus den Pfeilen P, Q gemäß dem Satze zu Figur 8 leicht die zusammenhängenden Pfeile *12, 23* konstruieren, wobei *12* der Geraden durch die Anfangspunkte, *23* der Geraden durch die Endpunkte der Pfeile P, Q angehören.

Beweis zu B. Wir betrachten sofort den Fall, in dem p und q imaginär sind und verschiedene reelle Mittelpunkte S, S' haben. Ist u die Verbindungsgerade SS', so bestimme man (etwa mit Hilfe eines geraden Schnittes) die harmonischen Darstellungen uvu_1v_1, $uv'u'_1v'_1$ der beiden p, q gebenden Strahleninvolutionen. $V = vv'$, $V_1 = v_1v'_1$, $U_1 = u_1u'_1$ liegen dann in einer reellen Geraden g. Ist noch U der Schnittpunkt ug, so liefert die gerichtete Involution UVU_1V_1 den gesuchten Schnittpunkt G.

Hiermit beherrscht man die Operationen Verbinden und Schneiden in der komplexen Geometrie der Ebene. Wie die *Stetigkeit* im komplexen Gebiet erklärt wird, ist aus der Stetigkeit im entsprechenden Gebiet der Pfeile ohne weiteres klar. Auf die Anordnungssätze können wir hier nicht näher eingehen.

6. Die imaginären Punkte und Tangenten eines Kegelschnittes

Wir geben die Konstruktionen und deuten nachträglich den Beweis an. Figur 15a zeigt die Verhältnisse für einen Kreis. Man konstruiere eine zum Kreis konzentrische gleichseitige Hyperbel, für welche die Länge der Hauptachse gleich dem Kreisdurchmesser ist. Die zur Hauptachse senkrechten Halbsehnen liefern Pfeile (mit den Spitzen auf der Hyperbel), welche sämtlich imaginäre Punkte des Kreises darstellen. Die Tangente im imaginären Punkte P ergibt sich wie folgt: Man bestimme den Pol S der Geraden s, welche den Pfeil P trägt. Die gerichtete Strahleninvolution in S, die perspektiv ist zur P darstellenden Punktinvolution, liefert die Tangente. Um sämtliche Punkte des Kreises zu erhalten, hat man die Figur 15a um den Kreismittelpunkt zu drehen. Man beachte insbesondere: Es ist aus dem Pfeilfeld des Kreises sofort zu sehen, daß *jeder* Kreis zwei bestimmte imaginäre Punkte der unendlichfernen Geraden enthält, nämlich diejenigen Punkte, welche von den gerichteten Rechtwinkelinvolutionen (isotrope Geraden) aus jener Geraden geschnitten werden. Um die Tangenten von einem inneren Punkte S des Kreises an diesen zu legen, hat man einen ebenen Wirbel mit dem Mittelpunkt S zu bestimmen, der mit dem Kreis *einen* Pfeil gemeinsam hat. Das Pfeilfeld des Kreises zeigt unmittelbar anschaulich, daß die Tangenten vom Kreismittelpunkt aus die isotropen Geraden dieses Punktes sind.

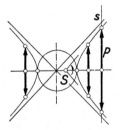 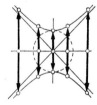

Figuren 15a, b, c

Läßt man den Radius des Kreises gegen Null streben, so verwandelt sich sein Pfeilfeld in einen doppelten rotatorischen Wirbel (Figur 15b, die zwei isotropen Geraden des Mittelpunktes). Figur 15c deutet noch die Punkte eines imaginären Kreises an.

Um die imaginären Punkte und Tangenten eines beliebigen reellen Kegelschnittes zu konstruieren, führen wir den Begriff der *harmonischen Spiegelung* ein. Ist A ein nicht auf der Geraden t liegender Punkt, so bedeutet die harmonische Spiegelung einer Figur UVW ... an A und t die zentrische Kollineation mit dem Zentrum A, der Achse t und der Charakteristik — 1. Um den Spiegelpunkt U_1 zu U zu konstruieren, hat man also den Strahl AU mit t zu schneiden und den Punkt U_1 zu bestimmen, der mit U den Punkt A und jenen Schnittpunkt harmonisch trennt.

Es sei jetzt irgendein Kegelschnitt k vorgelegt. Wir wollen die Schnittpunkte mit einer Schar paralleler (reeller) Geraden bestimmen. s sei eine Gerade der Schar (Fig. 16), die k nicht reell trifft. Man konstruiere zuerst eine zu s parallele Tangente t, B sei deren Berührungspunkt, A der zweite Endpunkt des Durchmessers durch B. Nun spiegle man k harmonisch an A und t. Es entsteht ein Kegelschnitt k_1, der k in A und B berührt. AB schneidet s im Anfangspunkt C der Pfeile CU_1 und CV_1, deren Endpunkte k_1 angehören. Diese Pfeile stellen die imaginären Schnittpunkte P, Q von s mit k dar.

Führt man diese Konstruktion für alle k nicht reell schneidenden Geraden aus, so erhält man sämtliche imaginären Punkte von k. (Bei einer Parabel k wird k_1 eine zu k kongruente Parabel.)

Um im Punkte P die Tangente zu konstruieren, bestimme man den Pol S der Geraden s durch den Pfeil P. Die gerichtete elliptische Strahleninvolution in S, die zur P darstellenden Involution perspektiv ist, liefert die gesuchte Tangente.

Der Beweis der angegebenen Konstruktion ergibt sich aus dem Satze[68]: Das Nebendreieck eines einem Kegelschnitt einbeschriebenen vollständigen Viereckes ist ein Polardreieck. Dreht sich in Figur 17 XY um den Punkt S, so beschreiben somit die

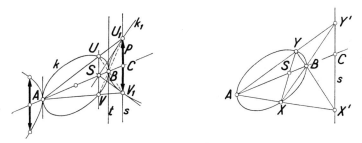

Figuren 16 und 17

Nebenecken X', Y' des vollständigen Viereckes $ABXY$ die Polare s von S; ferner sind X', Y' konjugiert, beschreiben also die von k auf s erzeugte Punktinvolution.[69] Die Punkte U_1, V_1 in Figur 16 sind hierbei diejenigen zugeordneten Punkte dieser Involution, welche deren Mittelpunkt C und den unendlichfernen Punkt von s harmonisch trennen.

Hiermit haben wir einen anschaulichen Überblick über sämtliche imaginäre Punkte und Tangenten eines reellen Kegelschnittes gewonnen. Es ist leicht, dies auch auf nullteilige Kegelschnitte zu übertragen. Im folgenden wollen wir uns aber den imaginären Elementen im Raume zuwenden.

7. Imaginäre Ebenen

Ein imaginärer Punkt des Raumes wird durch eine gerichtete elliptische Punktinvolution gegeben, die wir durch einen Pfeil darstellen.[70] Eine *spezielle imaginäre Gerade* hat als Bild eine gerichtete elliptische Strahleninvolution. Das Dualitätsgesetz im Raume gibt an, wie wir eine *imaginäre Ebene* zu erklären haben. Das zur Punktreihe duale Gebilde ist das Ebenenbüschel. Verbindet man den Träger p des Büschels mit den Punkten einer Punktreihe, deren Träger windschief zu p ist, so überträgt sich eine Involution in der Punktreihe auf das Ebenenbüschel. *Das Bild einer imaginären Ebene π ist eine gerichtete elliptische Ebeneninvolution.*

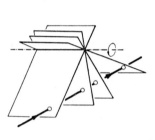 

Figuren 18 und 19

Ein Punkt P liegt in der imaginären Ebene π, wenn entweder P (also auch sein Pfeil) dem reellen Träger p von π angehört oder wenn die π darstellende Ebeneninvolution einschließlich ihres Sinnes perspektiv ist zur gerichteten Involution, die P darstellt (Fig. 18).

Auf einer imaginären Ebene liegt genau eine reelle Gerade, nämlich der Träger p der die Ebene liefernden Involution.

Eine spezielle imaginäre Gerade g liegt in der imaginären Ebene π, sofern die g darstellende Involution einschließlich ihres Sinnes perspektiv ist zur Involution, die π darstellt (Fig. 19).

Wir wollen uns einen Überblick über die sämtlichen ∞^4 Punkte einer imaginären Ebene π verschaffen. Außer den reellen und imaginären Punkten des Trägers p von π handelt es sich um diejenigen imaginären Punkte, deren Involutionen einschließlich ihres Sinnes perspektiv sind zur Involution, die π darstellt. Auf jeder reellen, von p verschiedenen Geraden liegt genau ein Punkt von π. Um sich die Menge der entsprechenden Pfeile zu vergegenwärtigen, genügt es, dies für eine Ebene π zu tun, die durch eine gerichtete *Rechtwinkel-Ebeneninvolution* $\alpha\beta\alpha_1\beta_1$ gegeben ist, da der allgemeine Fall hieraus durch eine affine Umformung gewonnen werden kann.

Der Punkt M in α sei der Mittelpunkt eines Strahlenbüschels (M), dessen Ebene zu α_1 parallel (Fig. 20), also zu α normal ist. Die von der gerichteten Rechtwinkel-Ebeneninvolution aus den Strahlen des Büschels (M) ausgeschnittenen gerichteten Punktinvolutionen haben alle M zum Mittelpunkt. Die Schnittpunkte mit der einen winkelhalbierenden Ebene β von α und α_1 sind den entsprechenden Schnittpunkten mit der anderen winkelhalbierenden Ebene β_1 zugeordnet. Auszunehmen ist nur die zu p parallele Gerade des Büschels (M), die π im unendlichfernen reellen Punkt von p trifft. Die Schnittgerade l der Ebene β mit der Ebene des Büschels (M) enthält somit die Endpunkte der Pfeile, welche die Schnittpunkte des Büschels (M) mit π darstellen, während M ihr gemeinsamer Anfangspunkt ist.

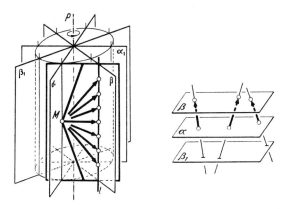

Figuren 20 und 21

Die sämtlichen nicht in p liegenden Pfeile von π (d. h. Pfeile, die Punkte der Ebene π darstellen) ergeben sich, indem man das in Figur 3 angedeutete Halbbüschel von Pfeilen parallel p verschiebt, um p dreht und von p aus dehnt. Die Normalprojektion auf eine zu p normale Ebene liefert also einen rotatorischen Wirbel, der die Schnittgerade von π mit der Projektionsebene darstellt.

Im allgemeinen Falle erhält man an Stelle der koaxialen Drehzylinder der Figur 20 koaxiale, ähnliche und ähnlich gelegene elliptische Zylinder.

Es ist noch ein Spezialfall zu beachten: Liegt der Träger p der Ebeneninvolution unendlichfern, so erfüllen die Anfangs- und die Endpunkte der Pfeile von π je eine Ebene (Fig. 21, α_1 ist hier die unendlichferne Ebene).

Es stellen sich jetzt die Aufgaben, zwei beliebige Ebenen zu schneiden und zwei beliebige Punkte des Raumes zu verbinden. Wir nehmen zuerst den besonderen Fall an, daß sich die reellen Träger der beiden Ebenen oder der beiden Punkte schneiden.

Zwei Punkte P, Q, deren Pfeilgeraden sich schneiden, liegen in der Verbindungsebene dieser Geraden. In Abschnitt 5 wurde gezeigt, daß solche zwei Punkte eine und nur eine leicht zu konstruierende Verbindungsgerade bestimmen.

Hierzu dual: Zwei Ebenen π, $\varkappa$, deren Träger p, q sich schneiden, bestimmen eine und nur eine Gerade, die in beiden Ebenen liegt.

Sind π, $\varkappa$ beide reell, so ist nichts zu beweisen. Ist π reell, $\varkappa$ imaginär, so stellt die durch die Ebeneninvolution von $\varkappa$ aus π geschnittene gerichtete elliptische Strahleninvolution die Schnittgerade dar, die also eine spezielle imaginäre Gerade ist. Nur für den besonderen Fall, daß der Träger q von $\varkappa$ in π liegt, ist die gemeinsame Gerade, nämlich q selbst, reell.

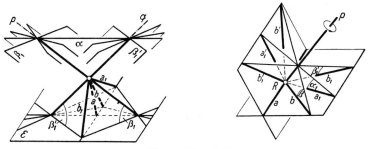

Figuren 22 und 23

Sind π, $\varkappa$ beide imaginär und ist a die Verbindungsebene ihrer Träger p, q, so stellen wir die beiden Ebeneninvolutionen von a aus harmonisch dar: $\pi(a\beta a_1\beta_1)$, $\varkappa(a\beta'a'_1\beta'_1)$. In Figur 22 ist zur leichteren Übersicht noch der Schnitt der beiden Ebenen mit einer reellen Ebene eingezeichnet. Die Schnittgeraden $a_1 = a_1a'_1$, $b = \beta\beta'$, $b_1 = \beta_1\beta'_1$ liegen dann in einer Ebene δ. Die vier Geraden $a = a\delta$, a_1, b, b_1 bestimmen eine zu beiden Ebeneninvolutionen perspektive gerichtete Strahleninvolution aba_1b_1, welche die gesuchte Schnittgerade g der Ebenen π, $\varkappa$ darstellt. Der reelle Punkt von g ist der Schnittpunkt pq.

Zwei spezielle imaginäre Geraden g, g', die denselben reellen Punkt R besitzen, bestimmen eindeutig eine Ebene, die beide Geraden enthält.

Beweis: Liegen die Strahleninvolutionen in derselben reellen Ebene, so ist diese die einzige Ebene, welche beide Geraden enthält. Im allgemeinen Falle bringe man die beiden Ebenen (Fig. 23), welche die Strahleninvolutionen von g und g' tragen, zum Schnitt; a sei der gemeinsame Strahl der beiden Büschel. Nun bestimme man die von a ausgehenden harmonischen Darstellungen $g(aba_1b_1)$, $g'(ab'a'_1b'_1)$. Die Verbindungsebenen $\beta = bb'$, $a_1 = a_1a'_1$, $\beta_1 = b_1b'_1$ gehen dann durch eine Gerade p. Diese Ebenen bestimmen mit der Ebene $a = ap$ die gerichtete elliptische Ebeneninvolution $a\beta a_1\beta_1$, die zu den g und g' darstellenden Strahleninvolutionen perspektiv ist, also die gesuchte Verbindungsebene von g und g' darstellt.

88

8. Allgemeine imaginäre Geraden

Jetzt wollen wir zeigen, daß auch zwei *beliebige* imaginäre Punkte P, Q des Raumes sowie auch zwei *beliebige* imaginäre Ebenen π, $\varkappa$ eindeutig ein Gebilde g bestimmen, das wir eine *allgemeine imaginäre Gerade* nennen. Diese Bezeichnung ist gerechtfertigt, wenn die folgenden Eigenschaften vorhanden sind:

1. Durch zwei beliebige Punkte, die dem Gebilde g angehören, ist g eindeutig bestimmt.

2. Die Punkte des Gebildes g sind genau die gemeinsamen Punkte von zwei beliebigen Ebenen, die durch P und Q gehen.

Und dual hierzu:

1. Durch zwei beliebige Ebenen, die beide das Gebilde g enthalten, ist g eindeutig bestimmt.

2. Die Ebenen, die das Gebilde g enthalten, sind genau die Ebenen durch zwei beliebige Punkte, die in π und $\varkappa$ liegen.

Wir werden sehen, daß ein solches Gebilde tatsächlich existiert. Wir gehen hierbei von zwei Punkten P, Q aus, deren Pfeile AB und CD zueinander windschief sind. Es ist klar, daß es weder eine reelle noch eine spezielle imaginäre Gerade gibt, welche beide Punkte enthält.

Zunächst beweisen wir, daß *durch jeden reellen Punkt R des Raumes genau eine Ebene geht, die P und Q enthält.* Beweis: Liegt R auf einer der Pfeilgeraden, zum Beispiel auf der Geraden p des Pfeiles P, so stellt die gerichtete elliptische Ebeneninvolution $p(CD)$ die gesuchte Ebene dar. Hat aber R allgemeine Lage, so bestimmen die beiden gerichteten elliptischen Strahleninvolutionen $R(AB)$, $R(CD)$ zwei spezielle imaginäre Geraden mit dem gemeinsamen reellen Punkt R. Nach dem am Schlusse des 7. Abschnittes bewiesenen Satze ist durch diese Geraden eindeutig eine Verbindungsebene festgelegt. Diese enthält die Punkte P und Q.

Es sei jetzt vorausgeschickt, wie wir weiter vorgehen. Wir werden durch P und Q zwei besonders gewählte Ebenen δ und ε legen. Dann untersuchen wir das Gebilde, das aus den gemeinsamen Punkten dieser beiden Ebenen besteht. Schließlich zeigen wir, daß dieses Gebilde die beiden oben geforderten Eigenschaften 1 und 2 besitzt. Damit werden wir ein vollkommen deutliches Bild für die allgemeine imaginäre Gerade gewonnen haben.

Die Gerade AC durch die Anfangspunkte der beiden Pfeile P und Q und die zu ihr windschiefe Gerade BD durch deren Endpunkte bestimmen eindeutig zwei parallele Ebenen α und β, wobei α durch AC und β durch BD geht (Fig. 24). Es sei u die unendlichferne Schnittgerade dieser Ebenen α, β. Im Büschel (u) wird durch die Involutionen, welche P und Q darstellen, *dieselbe* gerichtete elliptische Involution $\alpha\beta\alpha_1\beta_1$ festgelegt. Hierbei entspricht der Ebene α die unendlichferne Ebene α_1 des Raumes, der Ebene β diejenige Ebene β_1, welche von α denselben Abstand hat wie β.

Die durch die Involution $\alpha\beta\alpha_1\beta_1$ bestimmte imaginäre Ebene δ ist die eine der beiden angekündigten ausgezeichneten Ebenen durch P und Q.

Zur Bestimmung der zweiten ausgezeichneten Ebene ε durch P und Q projizieren wir die Pfeile P, Q normal auf die Ebene α. Die Projektionen P', Q' sind zwei Pfeile AB' und CD', also zwei imaginäre Punkte in α, die einen ebenen Wirbel, eine spezielle imaginäre Gerade g' in α festlegen. H sei der reelle Punkt von g', also der Mittelpunkt des ebenen Wirbels. Die zu α senkrechte Gerade h bestimmt dann mit der g' darstellenden gerichteten elliptischen Strahleninvolution eine gerichtete elliptische Ebeneninvolution, also eine Ebene ε, die gemäß der Konstruktion durch P und Q geht.

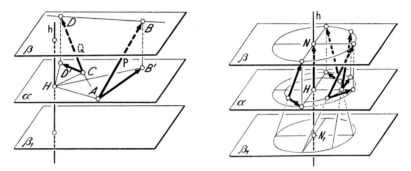

Figuren 24 und 25

Jetzt sind die Punkte, die den beiden Ebenen δ und ε gemeinsam sind, leicht zu überschauen. Die Gesamtheit dieser Punkte sei mit (W) bezeichnet. Wir haben die Pfeile zu bestimmen, welche zwei Pfeilmannigfaltigkeiten von der in den Figuren 20 und 21 angedeuteten Art gemeinsam sind.

Alle Pfeile von δ beginnen in α und enden in β. Von diesen Pfeilen haben wir diejenigen auszuwählen, die auch zu ε gehören. Jeder eigentliche Punkt von α ist der Anfangspunkt von genau einem solchen Pfeil, dessen Normalprojektion auf α der Geraden g' angehört. Das Gebilde (W) ergibt sich somit folgendermaßen: *Die Anfangspunkte aller Pfeile des ebenen Wirbels von g' lassen wir unverändert, die Endpunkte hingegen heben wir senkrecht zu α um die feste Länge f, nämlich um den Abstand der Ebenen α, β.*

In der Figur 25 denke man sich zunächst, daß g', die Normalprojektion des Gebildes (W) auf α, einen rotatorischen Wirbel liefert (Fig. 26). Der allgemeine Fall ergibt sich hieraus durch eine orthogonale affine Umformung.

Nehmen wir zu jedem Pfeil von (W) noch denjenigen hinzu, der den konjugiert komplexen Punkt liefert, so liegt dessen Endpunkt in der Ebene β_1. Die Geraden, welche Pfeile von (W) tragen, lassen sich somit folgendermaßen konstruieren: Man zeichnet in β und β_1 zwei gleich große Kreise, deren Mitten N, N_1 in der «Achse» h liegen, und verbindet übereinanderliegende Punkte dieser Kreise; die Verbindungsgeraden bilden die Mantellinien eines Drehzylinders. Nun muß der Kreis in β um N um den Winkel 90° gedreht werden. Aus dem Drehzylinder wird ein Rotationshyperboloid. Macht man dies für sämtliche Kreise in β um N, so ergeben sich unter Hinzunahme der unendlichfernen Geraden u die sämtlichen Geraden, welche Pfeile des Gebildes (W) tragen. Die Pfeile beginnen in α und enden in β. Das Gebilde (W) nennen wir einen *räumlichen Wirbel* (Fig. 27). Im zunächst gedachten Falle haben

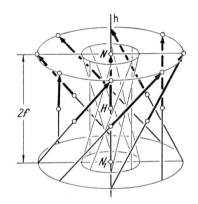

Figuren 26 und 27

wir einen *rotatorischen räumlichen Wirbel.* Der allgemeine räumliche Wirbel entsteht aus dem letzteren durch eine orthogonale Affinität. *Der durch zwei allgemein liegende imaginäre Raumpunkte P, Q eindeutig bestimmte räumliche Wirbel (W) stellt die durch P, Q gehende allgemeine imaginäre Gerade g dar.* Eine solche enthält keinen reellen Punkt und liegt in keiner reellen Ebene.

Man sieht sofort, daß (W) die Eigenschaft 1 besitzt. Zwei beliebige Pfeile von (W) bestimmen genau wie die Pfeile P, Q die Ebenen α und β, und ihre Normalprojektionen auf α legen nach Konstruktion dieselbe Gerade g' fest. Daß auch die zweite Eigenschaft vorhanden ist, werden wir noch zeigen. Vorerst überlegen wir, daß es ∞^8 allgemeine imaginäre Geraden gibt: Die *Form* des Wirbels ist durch *eine* Größe, nämlich etwa durch die Exzentrizität der «Querschnittellipsen» (Fig. 27) bestimmt. Die «*Größe*» des Wirbels wird durch die Länge f des Hauptpfeiles HN festgelegt. Die *Lage* des Wirbels im Raume ist durch sechs Parameter bestimmt: Nämlich vier Parameter für die Lage der Achse h, ein Parameter für die Lage der zu h senkrechten Hauptebene α und ein Parameter für die Richtung der Hauptachsen der Querschnittellipsen. Strebt die Länge f gegen Null, so ergibt sich als Grenzgebilde eine spezielle imaginäre Gerade.

91

Richten wir die Aufmerksamkeit noch auf die Menge der Geraden, die Pfeile des Wirbels tragen. Aus der Konstruktion ergibt sich unmittelbar, daß durch jeden reellen Raumpunkt genau eine solche Gerade geht. Ferner enthält jede reelle Ebene des Raumes genau eine solche Gerade, was sich aus der Überlegung ergibt, daß jede reelle Ebene die Ebenen δ und ε je in einer Geraden schneidet, deren Schnittpunkt einen Pfeil des Wirbels liefert, der in jener Ebene liegt. Die Menge der Pfeilgeraden ist also eine *lineare Strahlenkongruenz*. Auch die Gesamtheit der reellen Geraden, die zwei reelle windschiefe Geraden *m, n* treffen, hat die Eigenschaft, daß im allgemeinen durch jeden reellen Punkt genau eine Gerade dieser Gesamtheit geht und in jeder reellen Ebene genau eine solche Gerade liegt. Eine Ausnahme machen nur die Punkte und Ebenen der beiden *Brennlinien m, n.* Diese Gesamtheit heißt eine *hyperbolische Kongruenz*, die Gesamtheit der Pfeilgeraden eines räumlichen Wirbels eine *elliptische Kongruenz*. Während die erstere zwei reelle Brennlinien festlegt, wird durch die letztere ein Paar von konjugiert komplexen, allgemein imaginären Geraden *g, g** bestimmt. Ersetzen wir nämlich jeden Pfeil von (*W*) durch seinen konjugierten, d. h. durch denjenigen entgegengesetzter Richtung, gleicher Länge und mit gleichem Anfangspunkt, so ergibt sich offenbar wieder ein räumlicher Wirbel (*W**). Durch die elliptische Kongruenz sind genau die beiden Wirbel (*W*) und (*W**) bestimmt. (Die beiden zum Mittelpunkt *H* symmetrisch und zur Achse *h* normalen Ebenen β, β_1 enthalten diejenigen Punkte, die gegeneinander um 90° verdreht sind.)

Wir haben noch zu zeigen, daß jede Ebene π, welche die beiden Punkte *P* und *Q* enthält, auch alle weiteren Punkte des durch *P, Q* bestimmten Wirbels (*W*) enthält, daß also die Eigenschaft 2 vorhanden ist.

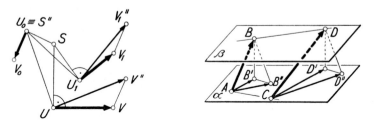

Figuren 28 und 29

Zum Beweis brauchen wir den folgenden Hilfssatz: *Hält man die Anfangspunkte aller Pfeile eines ebenen Wirbels fest und verschiebt die Endpunkte in der Wirbelebene alle in derselben Richtung um dieselbe Länge, so entsteht wieder ein ebener Wirbel.* Beweis: Zunächst nehmen wir an, es handle sich um einen ebenen rotatorischen Wirbel. *S* sei sein Mittelpunkt und *UV* irgendeiner seiner Pfeile (Fig. 28). Der Endpunkt *V* gelange durch die Verschiebungsoperation nach *V''*. *UV''* ist also der aus *UV* hervorgehende Pfeil. Wir suchen jetzt den Pfeil $U_0 V_0$ des gegebenen Wirbels,

92

der gleich lang wie der Verschiebungsvektor, aber entgegengesetzt gerichtet ist. SU_0 ist senkrecht zu VV'' und gleich lang wie VV'' und U_0V_0. Durch die Verschiebungsoperation entsteht aus dem Pfeil U_0V_0 der Punkt $U_0 \equiv S''$. Es ist U_0U senkrecht zu UV'' und gleich lang wie UV''. Jetzt betrachten wir den rotatorischen Wirbel $S''(UV'')$, der durch S'' als Mittelpunkt und die Richtung von UV'' festgelegt wird. Ist U_1V_1 ein beliebiger Pfeil des Wirbels $S(UV)$, so führt die Verschiebungsoperation diesen Pfeil in einen Pfeil $U_1V''_1$ über, der dem Wirbel $S''(UV'')$ angehört, wie die Kongruenz der Dreiecke $U_1V_1V''_1$, U_1SS'' ergibt. Hiermit ist der Hilfssatz für einen ebenen rotatorischen Wirbel bewiesen. Im allgemeinen Falle führt man den gegebenen ebenen Wirbel (und das durch die Verschiebungsoperation entstandene Gebilde) durch eine Affinität in einen rotatorischen Wirbel über und beachtet, daß durch jede Affinität ein Wirbel wieder in einen Wirbel übergeht.

Nun betrachten wir eine beliebige durch P, Q gehende Ebene π. p sei deren reeller Träger. Die π bestimmende Ebeneninvolution ist dann perspektiv zu den Punktinvolutionen (AB) und (CD). Wir projizieren die Endpunkte $B, D, \ldots$ aller Pfeile von (W) in Richtung der Geraden p auf der Ebene α nach $B'', D'', \ldots$ (Fig. 29). Die Strecken $B'B''$, $D'D''$, $\ldots$ haben dann alle dieselbe Länge und Richtung. Der durch die Pfeile AB'', CD'' eindeutig bestimmte ebene Wirbel ist nach dem Hilfssatz identisch mit dem eine gewisse Gerade g'' darstellenden Wirbel, der durch die Verschiebungsoperation $B' \rightarrow B''$, $D' \rightarrow D''$, $\ldots$ aus dem durch AB', CD' bestimmten Wirbel für g' hervorgeht. Der Träger p der Ebeneninvolution, die π darstellt, schneidet somit α im reellen Punkt von g''. Die Ebeneninvolution selbst schneidet α in der g'' bestimmenden Strahleninvolution. Das heißt aber: p gehört zur linearen Kongruenz von (W), und die Ebeneninvolution von π ist perspektiv zu allen den Pfeilen von (W) entsprechenden Punktinvolutionen, abgesehen von der Punktinvolution, die auf p liegt. π enthält also tatsächlich alle Punkte des Wirbels (W).

Auf gleiche Art erkennt man, daß umgekehrt jede Gerade q der Kongruenz Träger einer imaginären Ebene $\varkappa$ ist, die alle Punkte von (W) enthält. Die Träger der Punkte einer allgemeinen imaginären Geraden sind also identisch mit den Trägern der Ebenen, die durch diese Geraden gehen. Die allgemeine imaginäre Gerade ist wie die reelle und die spezielle imaginäre Gerade ein in sich duales Gebilde.

Hiermit haben wir einen Hauptzweck unserer Ausführungen erreicht, nämlich auf möglichst elementarem Wege das sachgemäße Bild der allgemeinen imaginären Geraden zu gewinnen.

9. Schluß

Es kann sich nicht darum handeln, die synthetische Geometrie im Komplexen hier weiter aufzubauen. Wir wollen nur noch einige Bemerkungen anfügen. Es wäre leicht einzusehen, daß alle weiteren Sätze über das Verbinden und Schneiden der Elemente

Punkt, Gerade, Ebene allgemein gültig sind: Eine Ebene und eine ihr nicht angehörende Gerade haben genau einen gemeinsamen Punkt. Drei nicht in derselben Geraden liegende Punkte bestimmen genau eine sie enthaltende Ebene usw.

Ferner lassen sich nun die imaginären Elemente, die z. B. in einer Fläche zweiten Grades enthalten sind, anschaulich darstellen. Auf den ovalen Flächen zweiten Grades liegen zwei Scharen von speziellen imaginären Geraden, hingegen keine reelle und keine allgemeine imaginäre Geraden. Das einschalige Hyperboloid trägt außer zwei Scharen von reellen Geraden auch allgemeine imaginäre Geraden. Figur 30 zeigt die Verhältnisse bei der Kugel, deren sämtliche Punkte wir überschauen wollen. Eine Ebene α_1 durch den Mittelpunkt schneidet in einem Großkreis, dessen Pfeilfeld (vgl. hierzu S. 84) in der Figur angedeutet ist. Verschieben wir die Schnittebene in die Tangentialebene α_3, so ergibt sich als Schnitt das Pfeilfeld von zwei konjugierten isotropen Geraden. In der Lage α_4 hat die Ebene nur noch die imaginären Punkte eines imaginären Kreises mit der Kugel gemeinsam. (Um die sämtlichen Punkte des jeweiligen Schnittgebildes zu erhalten, hat man Figur 30 natürlich um die Achse a zu drehen.)

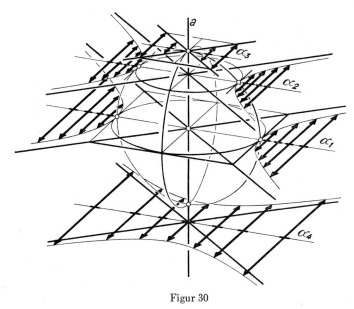

Figur 30

Es sei auch noch die Frage beantwortet, wie sich die übliche Darstellung der komplexen Zahlen in einem rechtwinkligen (x, y)-System in die allgemeine geometrische Imaginärtheorie einordnet. Es sei I derjenige imaginäre Punkt der unendlichfernen Geraden, der aus dieser von jeder im positiven Drehsinn gerichteten Rechtwinkel-Strahleninvolution der (x, y)-Ebene ausgeschnitten wird. Verbindet man I mit allen

Punkten der x-Achse, so hat der reelle Punkt der Geraden, die I mit dem Punkte $x = a + ia'$ der x-Achse verbindet, offenbar die Koordinaten $x = a$, $y = a'$.

Durch unsere Ausführungen hoffen wir gezeigt zu haben, daß die hier verwendete Pfeil-Darstellung mindestens im linearen und quadratischen Gebiet einige Vorteile bietet.

Kugel und einschaliges Hyperboloid

Die ovalen Flächen zweiten Grades (Ellipsoid, zweischaliges Hyperboloid, elliptisches Paraboloid) lassen sich durch reelle Kollineationen ineinander überführen. Das einschalige Hyperboloid (eH) hingegen kann durch eine reelle Kollineation niemals in eine ovale Fläche umgeformt werden. Das ist eine Folge des Trägheitsgesetzes der quadratischen Formen. Anschaulich zeigt es sich darin, daß die ovalen Flächen keine reellen Erzeugenden besitzen. Zwar läßt sich das eH über seinen Asymptotenkegel in ein zweischaliges Hyperboloid, dieses dann in bekannter Weise in ein Ellipsoid umformen. Ein solcher reeller Übergang ist aber nur möglich, wenn man eine *Ausartung* als Durchgangsform, hier den Asymptotenkegel, in Kauf nimmt. Jedoch kann

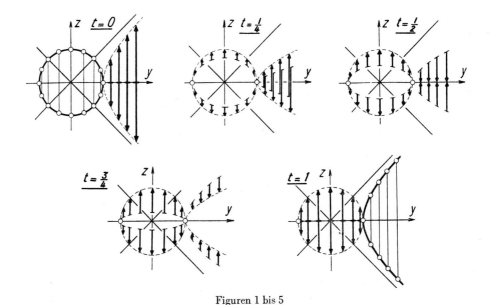

Figuren 1 bis 5

man durch *imaginäre* Kollineation eine stetige Überführung ohne solche Ausartungen vollziehen. Bekanntlich wird von imaginären Kollineationen Gebrauch gemacht [71], um zum Beispiel Eigenschaften der Kugel mit entsprechenden des eH zu vergleichen. Es mag daher von Interesse sein, die gewöhnlich nur analytisch betrachteten imaginären Kollineationen auch zur vollen geometrischen Anschauung zu bringen. Hierzu kann die früher [72] erläuterte reelle Darstellung der imaginären Elemente dienen. Wir

96

bringen hier nur in Erinnerung, daß der Punkt P mit den Koordinaten $x = a + ia'$, $y = b + ib'$, $z = c + ic'$ (a, a' usw. reell) durch den Pfeil mit dem Anfangspunkt A (a, b, c) und dem Endpunkt B $(a + a', b + b', c + c')$ dargestellt werden kann. Dieser Pfeil ist das Zeichen für die durch den Punkt P bestimmte gerichtete elliptische Punktinvolution. In dieser Darstellung bedeutet eine stetige Transformation eine stetige Verwandlung einer Pfeilmannigfaltigkeit in eine andere. (Die Transformation ist kollinear, wenn Wirbel wieder in Wirbel übergehen; siehe S. 81.)

Wir beschränken uns in dieser Note darauf, den einfachsten kollinearen Übergang der Kugel mit der Gleichung $xx + yy + zz = 1$ in das eH mit der Gleichung $xx + yy - zz = 1$ anschaulich darzustellen. Hierzu genügt die imaginäre Affinität $x' = x$, $y' = y$, $z' = uz$, wobei der variable, von x, y, z unabhängige Koeffizient u die Form $u = 1 - t + it$ habe und t stetig von $t = 0$ bis $t = 1$ zunehme. Wir betrachten also die für $0 < t < 1$ imaginären Flächen mit der Gleichung

$$z = \pm u \sqrt{1 - x^2 - y^2} = \pm i u \sqrt{x^2 + y^2 - 1} \quad (u = 1 - t + it, t = 0 \rightarrow 1). \tag{1}$$

Für $t = 0$ stellt (1) eine Kugel, für $t = 1$ ein eH dar. Die Figuren 1 bis 5 zeigen den Übergang im Schnitt mit der (y, z)-Ebene $(x = 0)$. Hierbei sind die z-Pfeile nur für reelle y angedeutet. Gezeichnet sind die Stationen $t = 0$, 1/4, 1/2, 3/4, 1. Die reellen Punkte (ausgeartete Pfeile) des Kreises $(t = 0)$ werden zu Pfeilen mit wachsender Länge; die Endpunkte bleiben hierbei auf dem Ausgangskreis, die Anfangspunkte

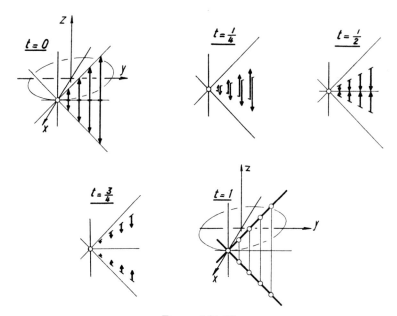

Figuren 6 bis 10

wandern schließlich bis zur y-Achse. Die Pfeile, welche die imaginären Punkte des Kreises ($t = 0$) für reelle y darstellen, nehmen an Länge (Betrag des Imaginärteiles) ab, während die Pfeilanfangspunkte von der y-Achse sich nach unten bzw. oben verschieben bis zur gleichseitigen Hyperbel, deren reelle Punkte die Endstationen darstellen. (Die Punkte des Schnittkreises der Fläche (1) mit der (x, y)-Ebene bleiben ungeändert.)

Die Kugel besitzt zwei Scharen von je ∞^2 imaginären Erzeugenden (spezielle imaginäre Geraden), während das eH außer ∞^2 allgemeinen imaginären Geraden insbesondere auch zwei Scharen von ∞^1 reellen Erzeugenden trägt. Die Figuren 6 bis 10 deuten an, wie diese bei unserer affinen Umformung der Kugel zustande kommen. Sie ergeben sich aus denjenigen Erzeugenden (rotatorische Wirbel) der Kugel, deren reelle Punkte in der (x, y)-Ebene liegen. Die übrigen Erzeugenden der Kugel werden in allgemeine imaginäre Geraden des eH umgewandelt.

Polarentheorie der Eilinien

1. In der reellen projektiven Ebene sei eine Eilinie O (Oval) als Grundkurve gegeben. O ist eine geschlossene Kurve, die mit jeder Geraden höchstens zwei gemeinsame Punkte hat. Sie besitzt keine Wendetangenten, keine Spitzen, keine mehrfachen Punkte und keine mehrfachen Tangenten. Wir setzen voraus, daß in jedem Punkte von O eine Tangente existiert, die sich bei stetigem Durchlaufen der Punkte von O stetig ändere. Dabei schließen wir Winkelecken und Strecken als Bestandteile von O aus.

Ist O ein Kegelschnitt, so bestimmt dieser die bekannte Polaritätsbeziehung. Umgekehrt ist durch eine Polarität in der Ebene ein Kegelschnitt bestimmt. Soweit ich mich in der ausgedehnten Literatur über Eilinien umgesehen habe, wurde das folgende naheliegende Problem bisher nicht in Angriff genommen: *Wie läßt sich für ein beliebiges Oval, das den genannten Bedingungen genügt, eine Beziehung Pol— Polare erklären?* (Da hier nicht vorausgesetzt wird, daß O algebraisch ist, können wir nicht an die für algebraische Kurven erklärte allgemeine Polarentheorie anknüpfen.)

Im folgenden bringen wir kurz einige Ergebnisse aus der Beschäftigung mit diesem Problem. Man stößt auf interessante Figuren, die in ein bisher nicht beachtetes Gebiet der anschaulichen Geometrie führen.

2. Das Oval O zerlegt als Punktgebilde die Ebene als Punktfeld in zwei Gebiete, das innere und das äußere Punktgebiet von O. Als Strahlengebilde (Gesamtheit der Tangenten) gliedert O die Ebene als Strahlenfeld in zwei Strahlenbereiche: der innere Strahlenbereich besteht aus den Geraden, die O nicht treffen, der äußere Strahlenbereich wird durch die O schneidenden Geraden gebildet. Ein innerer Punkt hat mit dem Strahlengebilde O keine Gerade gemeinsam; eine innere Gerade hat mit dem Punktgebilde O keinen Punkt gemeinsam.

3. Das Oval O gibt zunächst zu den folgenden einfachen Konstruktionen Anlaß:

A. Ist P ein beliebiger innerer Punkt, so kann man jede Gerade durch P mit O als Punktgebilde schneiden, in den Schnittpunkten die Tangenten legen und deren Schnittpunkte bestimmen. Man erhält so die zu P gehörende Punktreihe $l(P)$.

B. Ist p eine beliebige innere Gerade, so kann man jeden Punkt von p mit O als Strahlengebilde verbinden, in den Verbindungsgeraden die Berührungspunkte aufsuchen und deren Verbindungsgerade bestimmen. Man erhält so das zu p gehörende Strahlenbüschel $L(p)$.

Ist O ein Kegelschnitt, so stellt $l(P)$ eine Gerade, $L(p)$ einen Punkt dar. Die Zeichnungen[73] 1 bis 5 zeigen die Verhältnisse für symmetrisch gewählte Ovale. In den

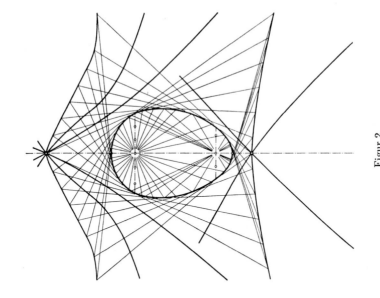

Figur 2

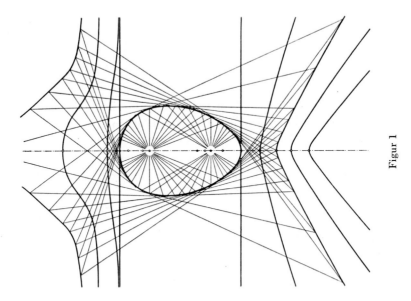

Figur 1

100

Figuren 1, 2 und 5 wurden zu verschiedenen inneren Punkten die Kurven $l(P)$ gezeichnet. Figur 3 zeigt im Punktinnern die Hüllkurven von drei Büscheln $L(p)$; die unterste Kurve entspricht der unendlichfernen Geraden, die mittlere der obersten Geraden in der Zeichnung. In Figur 4 entspricht die mittlere Hüllkurve der horizontalen Geraden, sie ist dreispitzig; dreht man die Gerade in zwei andere Lagen, so ergibt sich im vorliegenden Fall eine fünf- bzw. siebenspitzige Form.

4. Ist P ein Punkt des Punktgebildes O, so liefert die sinngemäß angewendete Konstruktion 3A als zugehörige l-Kurve eine gerade Punktreihe, nämlich die Tangente in P. Ist p eine Gerade des Strahlengebildes O, so liefert 3B ein zentrisches Strahlenbüschel mit dem Berührungspunkt von p als Mittelpunkt.

5. Die $l(P)$-Kurven und $L(p)$-Büschel — wobei wir hier P und p als innere Elemente von O voraussetzen — besitzen eine Reihe von Eigenschaften, die unabhängig von der besonderen Wahl des Ovals sind. Da sie für l und L dual sind, genügt die Formulierung für die l-Kurven. Zum Beispiel:

a) Jede l-Kurve verläuft ganz im äußeren Punktgebiet.

b) Jede l-Kurve ist eine einteilige geschlossene Kurve.

c) Mit jeder Tangente von O und mit jeder äußeren Geraden von O hat jede l-Kurve genau einen Punkt gemeinsam.

d) Jede l-Kurve ist von ungerader Ordnung.[74]

e) Eine l-Kurve hat keine Spitzen und keine Doppelpunkte.

f) Durch zwei Punkte auf einer inneren Geraden ist genau eine l-Kurve bestimmt.

g) Zwei l-Kurven haben einen und nur einen gemeinsamen Punkt.

h) Bedeuten $2w + 3$ und d die Anzahlen der Wendetangenten und der Doppeltangenten, so sind w und d beide gerade oder beide ungerade.

Die Beweise sind, außer für h, einfach.

6. Das wesentliche Problem besteht darin, wie sich die Konstruktionen 3A und 3B sinnvoll auf äußere Punkte und äußere Geraden von O verallgemeinern lassen.

A. Es sei P ein äußerer Punkt. Zunächst betrachten wir die äußeren (also O treffenden) Geraden durch P, legen in den Schnittpunkten einer solchen Geraden mit O die Tangenten an O und bestimmen deren Schnittpunkt. Hierdurch erhalten wir einen Bogen $l'(P)$, dessen Endpunkte die Berührungspunkte der Tangenten von P an O sind. Ist nun x eine innere Gerade durch P, so bestimme man den gemeinsamen Punkt X von x mit $l'(P)$. Daß ein und nur ein solcher Punkt existiert, ist unschwer einzusehen. Zu x gehört nach 3B ein Büschel $L(x)$. Dieses besitzt nach Konstruktion genau einen Strahl y, der durch P geht. Dessen Berührungspunkt Y mit der Hüllkurve $L(x)$ ordnen wir dem inneren Strahl x von P zu. Hierdurch erhalten wir einen Bogen $l''(P)$, der den Bogen $l'(P)$ zu einer geschlossenen Kurve $l(P)$ ergänzt. Figur 6 zeigt $l(P)$ für vier äußere Punkte.

B. Die duale Konstruktion für eine äußere Gerade p verläuft folgendermaßen: Zunächst betrachten wir die äußeren Punkte auf p, ziehen von jedem die Tangenten

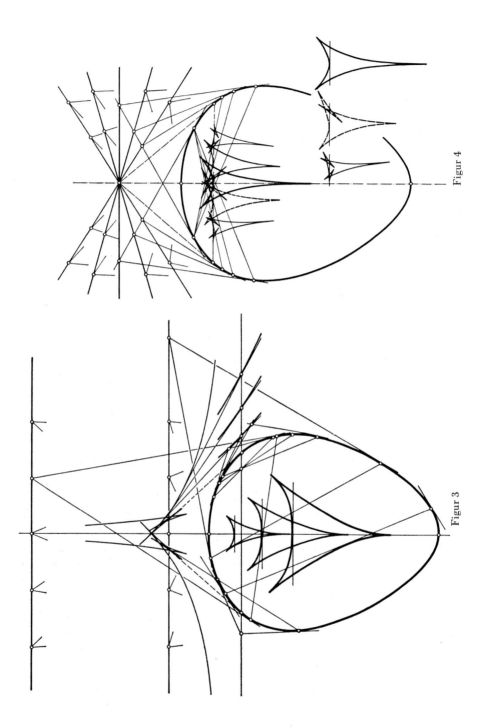

Figur 4

Figur 3

102

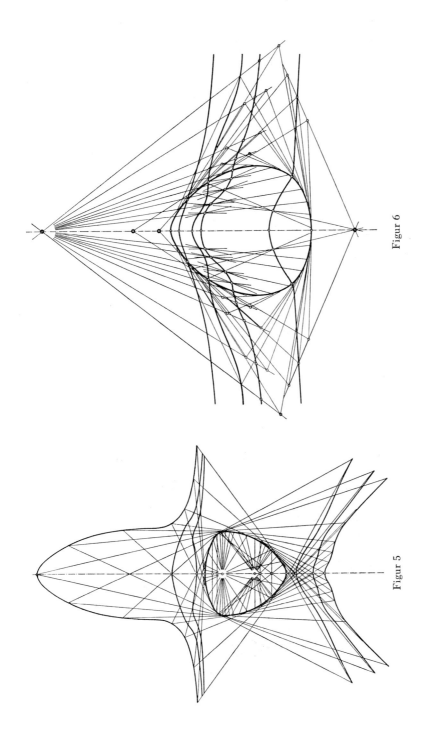

Figur 6

Figur 5

103

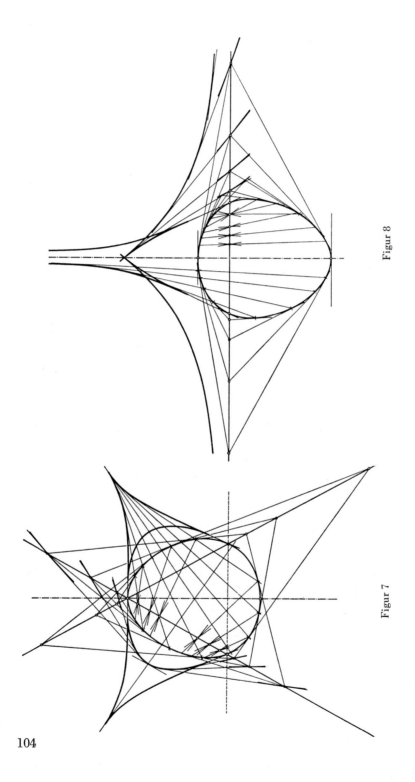

Figur 8

Figur 7

an O, bestimmen die beiden Berührungspunkte und ziehen deren Verbindungs-gerade. Hierdurch erhalten wir ein nichtgeschlossenes Büschel $L'(p)$, dessen End-strahlen die Tangenten in den Schnittpunkten von p mit O sind. Ist X nun ein innerer Punkt auf p, so bestimme man den gemeinsamen Strahl x von X mit $L'(p)$. Zu X gehört nach 3A eine Kurve $l(X)$. Diese besitzt nach Konstruktion genau einen Punkt Y, der auf p liegt. Dessen Tangente y an $l(X)$ ordnen wir dem inneren Punkt X von p zu. Hierdurch erhalten wir ein offenes Büschel $L''(p)$, welches das offene Büschel $L'(p)$ zu einem geschlossenen Büschel $L(p)$ ergänzt. Figur 7 zeigt die Hüllkurve von $L(p)$ für zwei äußere Geraden, Figur 8 und Figur 3 für je eine äußere Gerade.

Es stellt sich die Frage, ob die Bogen $l'(P)$ und $l''(P)$ [bzw. die Büschel $L'(p)$ und $L''(p)$] sich bezüglich ihrer Tangenten (bzw. bezüglich ihrer Grenzpunkte) stetig zusammenschließen. Daß dies der Fall ist, läßt sich unschwer einsehen für Ovale, die in jedem ihrer Elemente einen Schmiegkegelschnitt besitzen — eine übrigens für die hier in Betracht kommenden Zusammenhänge fast selbstverständliche Vor-aussetzung.

B sei einer der beiden Punkte, die $l(P)$ mit O gemeinsam hat, sofern P ein äußerer Punkt ist. $BP = b$ ist die Tangente in B an O. Wir nehmen in der Umgebung von B einen Punkt X von $l'(P)$ an; u, v seien die Tangenten von X an O, deren Berührungs-punkte U, V nach Konstruktion mit P in einer Geraden liegen. Jetzt betrachte man den durch B, U, V, u, v bestimmten Kegelschnitt. Rückt X auf $l'(P)$ gegen B, dreht sich somit y um P gegen b, so nähert sich der Kegelschnitt (B, U, V, u, v) unbegrenzt dem zu B gehörenden Schmiegkegelschnitt $s(B)$, und XB wird zur Polaren von P bezüglich $s(B)$. Diese Gerade stellt also die Tangente von $l(P)$ im Endpunkt B dar. Ähnlich ergibt sich, daß diese Gerade auch Tangente im Endpunkt B des Bogens $l''(P)$ ist.

7. Durch die erläuterten Konstruktionen ist jedem Punkte P der Ebene eine Kurve $l(P)$, jeder Geraden p der Ebene ein Büschel $L(p)$ eindeutig und stetig zuge-ordnet.

Die Tangenten von $l(P)$ nenne ich die *Polaren von P bezüglich des Ovals O*, die Punkte der Hüllkurve von $L(p)$ die *Pole von p bezüglich O*. Hauptsatz:

Die Polaren eines Punktes P umhüllen die Kurve l(P), und P ist gemeinsamer Pol aller dieser Geraden; die Pole einer Geraden p werden von L(p) umhüllt, und p ist gemeinsame Polare aller dieser Punkte.

Im Hinblick auf den Umstand, daß das Oval O nicht algebraisch zu sein braucht, ist es verständlich, daß ein Punkt unbegrenzt viele Polaren besitzt. Überraschend bleibt, daß sich trotz der Allgemeinheit der Grundkurve eine Polarentheorie ent-wickeln läßt.

Es liegt nahe, wie sich unsere Begriffe auf Eiflächen übertragen lassen. Ferner ergeben sich allgemeine Sätze und Anwendungen der Polarentheorie in der Geo-metrie der Eilinien.

Anmerkungen

(Die mit * versehenen Anmerkungen wurden vom Herausgeber eingefügt.)

1   * Vgl. die von Rudolf Steiner in der Schrift «Die Stufen der höheren Erkenntnis» (Dornach 1959) dargestellten Übungen zur Entwicklung der inspirativen Erkenntnis.

2   Zum Begriff der Bewußtseinsseele vgl. Rudolf Steiner, Theosophie. Dornach 1961. Kapitel «Leib, Seele und Geist».

3   Vgl. Rudolf Steiner, Philosophie der Freiheit. Dornach 1962. 12. Kapitel.

4   Vgl. Rudolf Steiner, Die geistigen Wesenheiten in den Himmelskörpern und Naturreichen. Dornach 1960.

5   * Vgl. Rudolf Steiner, Theosophie. Dornach 1961. Kapitel «Die Seelenwelt».

6   * Vgl. Kapitel «Kugel und einschaliges Hyperboloid» (S. 96).

7   * Vgl. Rudolf Steiner, Die Geheimwissenschaft im Umriß. Dornach 1968.

8   * Vgl. Guenther Wachsmuth, Die Reinkarnation des Menschen als Phänomen der Metamorphose, und die daselbst angegebene Literatur. Dornach 1935.

9   * Dieser Aufsatz erschien unter dem Titel «Hochschultage der Mathematisch-Astronomischen Sektion (2. bis 6. 1. 1955). Einleitende Bemerkungen zum Geometriekurs von Prof. Dr. L. Locher-Ernst.» Das Goetheanum, 34. Jhg. Nr. 2, 1955.

10   * Rudolf Steiner, Das Verhältnis der verschiedenen naturwissenschaftlichen Gebiete zur Astronomie. Dornach 1926. 10. Vortrag (10. 1. 1921).

11   * Vgl. Fragenbeantwortung von Rudolf Steiner im Anschluß an den Vortrag von Ernst Blümel, Über das Imaginäre und den Begriff des Unendlichen und Unmöglichen. Mathematische Sendungen, Nr. 5, 1930. (Mathematisch-Astronomische Sektion am Goetheanum). Siehe auch: Ernst Blümel, Das Überimaginäre und die Cassinischen Kurven. Das Goetheanum, 5. Jhg. Nr. 18.

12   * Vgl. Anm. 10, 15. Vortrag (15. 1. 1921).

13   Vgl. Louis Locher-Ernst, Urphänomene der Geometrie. Zürich 1937.

14   M. Chasles, Aperçu historique sur l'origine et le développement des méthodes en géométrie (1. Aufl. Brüssel 1837), 3. Aufl. 1889, S. 408 f.

15   Vgl. Anm. 14, S. 255.

16   Es sollte überflüssig sein, anzumerken, daß unter diesen Worten nicht etwas Beliebiges, was einem hierbei in den Sinn kommt, sondern das in der Geisteswissenschaft damit Bezeichnete zu denken ist.

17   Die heutigen Anwendungen der verschiedenen nichteuklidischen Geometrien benützen in der Hauptsache nur deren Formalismus, ohne davon Gebrauch zu machen, daß polare Metrik ein Ausdruck für polare Kräftebereiche darstellt.

18   Die mathematische Grundlage hierzu, wenigstens in den Anfängen, ist in streng axiomatischem Aufbau dargestellt im Buche des Verfassers: Projektive Geometrie und die Grundlagen der euklidischen und polareuklidischen Geometrie. Zürich 1940.

19   Gewöhnlich spricht man vom Gesetz der Dualität.

20   Anmerkung für Physiker: Auch wenn man zunächst die Kraft als kovariante (im üblichen Sinne) Größe einführt, ist für die Anwendungen der Übergang zur kontravarianten Größe immer möglich.

[21] Für den üblichen Kraftbegriff gilt selbstverständlich die Bemerkung F. Kleins in seiner Notiz, betreffend den Zusammenhang der Liniengeometrie mit der Mechanik starrer Körper (Ges. math. Abh., Springer 1921, 1. Bd., S. 227): «Diese Koordination von Kraft und Rotation ist nur eine mathematische, keine physikalische.»

[22] Nicht unerwähnt bleibe, daß es Lindemann war, der 1882 auf Grund von Vorarbeiten des französischen Mathematikers Hermite das Problem der Quadratur des Kreises löste.

[23] Es handelt sich aber nicht etwa um «Drehkräfte». Die mechanischen Rotationsvorgänge werden beherrscht von Kräften, die «Pfeil»-Charakter haben.

[24] Sophus Lie, Beiträge zur allgemeinen Transformationstheorie. Berichte über die Verhandlungen der k. sächs. Ges. d. Wiss., Leipzig, Bd. 47, 1895, S. 501/502.

[25] Die ausführliche mathematische Behandlung findet sich im Kapitel «Polarsysteme und damit zusammenhängende Berührungstransformationen» (S. 55).

[26] Die gleichzeitigen Lagen zweier aus den Ausgangselementen $P * a$, $Q * b$ hervorgehenden Elemente $P_t * a_t$, $Q_t * b_t$ bzw. $P'_t * a'_t$, $Q'_t * b'_t$ sind folgendermaßen bestimmt: Sind $A * p$, $B * q$ ihre Endlagen und E, F bzw. G, H die Schnittpunkte ihrer Führungslinien mit der absoluten Fläche, so müssen die Doppelverhältnisse (PAP_tF) und (QBQ_tG) sowie auch (PAP'_tF) und (QBQ'_tH) einander gleich sein.

[27] Es ist hier nicht am Platze, die Singularitäten dieser Berührungstransformationen, die eine einparametrige Gruppe bilden, zu erörtern.

[28] In den nichteuklidischen Geometrien sind Längen- und Winkelmaß zwar formal gleich erklärt. Es wurde aber kein stetiger Übergang von dem einen zu dem anderen hergestellt.

[29] Natürlich läßt sich das Imaginäre auf verschiedene Arten reell versinnbildlichen, so daß der Formalismus des Rechnens mit komplexen Zahlen auch die verschiedensten technischen Anwendungen liefert. Zur Erkenntnis des in der Natur der Sache liegenden Verhältnisses des Imaginären zum Reellen gibt die von Staudtsche Darstellung die richtige Grundlage.

[30] * Nach der vom Vortragenden nicht durchgesehenen Nachschrift eines Vortrages vom 6. 1. stehen zwischen zwei Sternen.
1950 in Dornach. Vgl. die Einleitung des Herausgebers, S. 9. Ergänzungen des Herausgebers

[31] * Rudolf Steiner, Zweiter Naturwissenschaftlicher Kursus (Wärmelehre). 14 Vorträge (Stuttgart 1.—14. 3. 1920). Dornach 1925.

[32] * Am 27. 12. 1948 sprach L. Locher-Ernst in Dornach über das Thema «Metamorphosen im Geistigen und Physischen», am 3. 1. 1949 über «Beiträge zur Metamorphosenlehre». Die Bemerkung bezieht sich vermutlich auf den letzteren Vortrag, da er wie der hier veröffentlichte im Rahmen einer Tagung der Mathematisch-Astronomischen Sektion am Goetheanum gehalten wurde.

[33] * Genaueres über die Stetigkeitsverhältnisse findet der Mathematiker im Kapitel «Polarsysteme ...» (S. 55).

[34] * Eine über das Mathematische hinausgehende Begründung ergibt sich durch das Zitat aus dem «Wärmekurs» (S. 46).

[35] * Die Pfeile haben in diesen Zeichnungen keine andere Bedeutung, als daß sie eine Orientierung der Linienelemente angeben. Die Länge der Pfeile ist also unwesentlich. Während in Fig. 2a bis 2d diese Länge gleich ist und zur Andeutung des jeweils erreichten Stadiums der äußerste Kegelschnitt hervorgehoben wurde, sind in der zusammenfassenden Fig. 2e die Pfeile in naheliegender Weise nach außen vergrößert worden.

[36] * Hier ist die Nachschrift lückenhaft. Es wurde deshalb sinngemäß eine Ergänzung eingefügt.

[37] * Im gezeichneten Fall (Fig. 2e) ist noch eine Symmetrieachse vorhanden. Im allgemeinen gibt es eine solche nicht (vgl. z. B. S. 32).

[38] * Hier wird auf die Überlegungen im Anschluß an Fig. 1 zurückgegriffen.

39 * Diese Bemerkung bezieht sich auf die im «Wärmekurs» entwickelten Anschauungen (vgl. auch S. 46 f).

40 * Es wird hier eine Kraftvorstellung hereingenommen. Diese Aspekterweiterung ist in einem beschreibenden Überblick zulässig.

41 * Der folgende Absatz ist in der Nachschrift lückenhaft. Es wurde versucht, den Text sinngemäß zu ergänzen, doch blieben einige Stellen unsicher. Im wesentlichen geht es darum, den Kraftbegriff (insbesondere die Zentralkräfte) zu polarisieren.

42 * Dem Zerfallen des inneren Gebildes nach außen entspricht ein Auflösen der Hülle zum Mittelpunkt hin.

43 * Vgl. L. Locher-Ernst, Projektive Geometrie. Zürich 1940. S. 249 und 283 f.

44 * Die Rotationsachse sei natürlich diejenige Gerade durch den betreffenden Punkt, die auf der zugeordneten Geraden senkrecht steht.

45 * Die Gegenform ist im allgemeinen kein einfaches «Negativ» der ursprünglichen Form. Beispielsweise entspricht einem «massiven» Würfel ein oktaedrischer Hohlraum als Gegenform (siehe auch S. 22 ff).

46 * Vgl. Anm. 31, 7. Vortrag (7. 3. 1920).

47 * Vgl. Anm. 31, 14. Vortrag (14. 3. 1920).

48 * Vgl. Guenther Wachsmuth, Erde und Mensch — ihre Bildekräfte, Rhythmen und Lebensprozesse. Dornach 1965. Bd. I, S. 112.

49 * Hier zitiert nach der Übersetzung von Clemens Thaer (Euklid, Die Elemente, 2. Aufl. Darmstadt 1962, S. 3).

50 * Sir Henry Savile schrieb in seinen «Praelectiones tresdecim in principium elementorum Euclidis» (Oxford 1621, S. 140): «In pulcherrimo Geometriae corpore duo sunt naevi, duae labes nec quod sciam plures, in quibus eluendis et emaculandis cum veterum tum recentiorum, ut postea ostendam, vigilavit industria».
Zitiert nach P. Stäckel und Friedrich Engel, Die Theorie der Parallellinien von Euklid bis auf Gauß. Leipzig 1895. Sie bemerken, daß diese beiden Makel die Theorie der Parallellinien und die Lehre von den Proportionen sind (S. 18). Siehe auch dort (S. 36) den Hinweis auf die Schrift von Girolamo Saccheri «Euclides ab omni naevo vindicatus: sive conatus geometricus quo stabiliuntur prima ipsa universae geometriae principia» (Mediolani 1733).

51 * Je nach Veranschaulichung der nichteuklidischen Geometrien erscheinen die «Geraden» u. U. als gekrümmte Linien (z. B. als Kreisbögen wie in Fig. 12).

52 * Vgl. F. Klein, Nicht-Euklidische Geometrie. Berlin 1928. S. 174 f.

53 * Gemeint ist dies für eine Naturwissenschaft, wie sie durch die naturwissenschaftlichen Kurse R. Steiners angeregt werden sollte.

54 * Nach dem Einsteinschen Additionstheorem setzen sich zwei Geschwindigkeiten u und v zu der Geschwindigkeit $w = \dfrac{u + v}{1 + uv/c^2}$ zusammen. Da c eine Konstante ist, ist es hier nicht wesentlich, welche Maßzahl ihr zukommt. Sie kann zu 1 gemacht werden.

55 * Siehe Anm. 7, Kapitel: Die Welt-Entwicklung und der Mensch.

56 * Hier ist eine Lücke in der Nachschrift. Vgl. jedoch zu dieser Aufstellung die am Schluß angegebene Ergänzung.

57 * Vgl. hierzu Kapitel «Polarentheorie der Eilinien» (S. 99).

58 Nach Abschluß dieser Arbeit fand ich, daß S. Lie in der Abhandlung, Beiträge zur allgemeinen Transformationstheorie (Bericht über die Verhandlungen der k. sächs. Ges. d. Wiss., Leipzig, Bd. 47, 1895, S. 501/502) eine eingliedrige Gruppe von Transformationen betrachtete, welche die Polarenbeziehung enthält. Es werden aber dort weder die Transformationsformeln

explizit aufgestellt noch wird der Zusammenhang mit der nicht-euklidischen Geometrie, der mir hier als die Hauptsache erscheint, aufgezeigt.

[59] Vgl. etwa C. Juel, Vorlesungen über projektive Geometrie mit besonderer Berücksichtigung der von Staudtschen Imaginärtheorie. Springer, Berlin 1934, S. 90.

[60] G. K. Chr. von Staudt, Beiträge zur Geometrie der Lage. Nürnberg 1856. Erstes Heft.

[61] Die hier gegebene Darstellung gibt eine knappe Zusammenfassung eines Abschnittes einer Vorlesung Elementarmathematik vom höheren Standpunkt.

[62] Dieser merkwürdige Name wurde geprägt von G. Desargues in seiner Schrift: Brouillon project d'une atteinte aux événements des rencontres d'un cone avec un plan (Paris 1639). Der Übersetzer M. Zacharias (Oswald Klassiker, Nr. 197) sagt hierzu: «Das Wort Involution bezeichnet den Zustand des Eingerolltseins, wie er bei den Jugendzuständen von Sproßteilen vorkommt.»

[63] Für die Involutionen, die als Schnitte eines vollständigen Vierecks oder eines Kreisbüschels usw. auftreten, sei etwa auf das noch immer vorzügliche Werk «Die Geometrie der Lage» (Erste Abteilung) von Th. Reye hingewiesen (1. Teil, 5. Auflage, Leipzig 1909).

[64] Es ist üblich, nicht von komplexen, sondern von imaginären Punkten zu sprechen, auch wenn die Koordinate nicht rein imaginär ist.

[65] In dem Buche «Ebene analytische Kurven und zu ihnen gehörige Abbildungen» (Leipzig und Berlin 1911) verwendet E. Study für die Geometrie der Ebene die Darstellung eines imaginären Punktes durch ein Paar reeller Punkte, z. B. durch das Paar N, N_1 in obiger Bezeichnung. — Für die historische Entwicklung vergleiche man die Arbeit von A. Ramorino, Gli elementi imaginari nella geometrie. Giornale die Matematiche 35, 242 (1897).

[66] Eine dem Pfeil entsprechende Darstellung der imaginären Geraden ist durch Auszeichnung eines Punktes der Ebene (wie die Pfeildarstellung eines Punktes durch Auszeichnung der unendlichfernen Geraden) möglich, jedoch würde die Ausführung an dieser Stelle zu weit gehen.

[67] Wir sagen im folgenden auch abgekürzt «der Pfeil P».

[68] * Vgl. L. Locher-Ernst, Projektive Geometrie und die Grundlagen der euklidischen und polareuklidischen Geometrie. Zürich 1940. *

[69] Ein nicht ausgearteter Kegelschnitt k erzeugt auf jeder reellen Geraden s seiner Ebene eine Involution, nämlich die Involution konjugierter Punkte auf s. Ist die Involution hyperbolisch, so stellen die Doppelpunkte die diesfalls reellen Schnittpunkte von s mit k dar. Ist die Involution elliptisch, so sind ihre imaginären Doppelpunkte die gemeinsamen Punkte von s und k.

[70] Es sei hier an die Bemerkung am Schlusse des dritten Abschnittes (S. 79) erinnert.

[71] Vgl. z. B. F. Klein, Vorlesungen über höhere Geometrie. 3. Aufl. Berlin 1926. S. 182.

[72] Vgl. Kapitel «Das Imaginäre in der Geometrie» (S. 76).

[73] Ich danke an dieser Stelle meinen beiden Zeichnern, Herrn P. Bornhauser und Herrn E. Grimm, für die schöne Arbeit, die viele Versuche erforderte. Da es sich um allgemeine Ovale handelt, ist eine strenge Tangentenkonstruktion nicht möglich. Aus diesem Grunde bedingen sich zeichnerisch das Oval und die Kurven $l(P)$ bzw. Büschel $L(p)$ gegenseitig. Eine geringe Änderung von 0 — praktisch also schon die verschiedene Auffassung der mit einer Strichstärke behafteten gezeichneten Eilinie — kann starke Veränderungen von $l(P)$ bzw. $L(p)$ zur Folge haben. Dies macht die ganz elementaren Konstruktionen (insbesondere der Büschel L) zu einer interessanten zeichnerischen Betätigung.

[74] Begriff «Ordnung» hier allgemein (nicht algebraisch) gefaßt: maximale Zahl der (reellen) Punkte, die l mit einer Geraden gemeinsam hat.

Erstveröffentlichung der Aufsätze

Grundriß einer Metamorphosenlehre in: Das Goetheanum, 26. Jg., Nr. 41, 1947.

Die Bedeutung des Imaginären für eine erweiterte Metamorphosenlehre in: Das Goetheanum, 34. Jg., Nr. 2, 1955, mit dem Titel «Hochschultage der Mathematisch-Astronomischen Sektion».

Die moderne Entwicklung der Geometrie und Goethes Idee der Metamorphose in: Goethe in unserer Zeit, Dornach-Basel 1949.

Polarsysteme und damit zusammenhängende Berührungstransformationen. Das Prinzip von Huygens in der nichteuklidischen Geometrie in: Publications de l'Institut Mathématique de l'Académie Serbe des Sciences, Tome III, Belgrad 1950.

Stetige Vermittlung der Korrelationen in: Monatshefte für Mathematik, 54. Bd., Heft 3, 1950, Wien.

Das Imaginäre in der Geometrie in: Elemente der Mathematik, Vol. IV/5 und 6, 1949, Basel.

Kugel und einschaliges Hyperboloid in: Elemente der Mathematik, Vol. V/1, 1950, Basel.

Polarentheorie der Eilinien in: Elemente der Mathematik, Vol. VI/1, 1951, Basel.

Vom gleichen Verfasser erschienen

Bücher

Raum und Gegenraum. Einführung in die neuere Geometrie. 2. durchgesehene Auflage, Dornach 1970.

Arithmetik und Algebra. Aufgaben. 3. Auflage, Basel und Stuttgart 1967.

Mathematische Meditationen. Vollständige regelmäßige Vielecke. 7 zweifarbige Tafeln. 2. Auflage, Winterthur 1962.

Einführung in die freie Geometrie ebener Kurven. Basel 1952.

Differential- und Infinitesimalrechnung im Hinblick auf ihre Anwendungen. Ein Lehr- und Übungsbuch zur Infinitesimalrechnung und zur analytischen Geometrie. Basel 1948.

Ausführliches Lehr- und Übungsbuch zur Arithmetik und Algebra für Unterricht und Selbststudium. Kreuzlingen und Zürich 1945. (vergriffen)

Mathematik als Vorschule zur Geist-Erkenntnis. Zürich und Kreuzlingen 1944. (vergriffen. 2. erweiterte Auflage in Vorbereitung)

Projektive Geometrie und die Grundlagen der euklidischen und polareuklidischen Geometrie. Zürich 1940.

Geometrisieren im Bereiche wichtigster Kurvenformen. Zürich 1938.

Urphänomene der Geometrie. Zürich 1937. (vergriffen)

Fachaufsätze

1930 Über Gruppen konformer Raumabbildungen und Modulfunktionen des Raumes. Inauguraldissertation zur Erlangung der Philosophischen Doktorwürde.

1930 Ein Satz über die Riemannsche Fläche der Inversion einer im endlichen meromorphen Funktion. Commentarii Mathematici Helvetici 3.

1933 Die Untergruppen der freien Gruppen. Commentarii Mathematici Helvetici 6.

1934 Zur Auflösung eines Systems von linearen gewöhnlichen Differentialgleichungen mit konstanten Koeffizienten. Commentarii Mathematici Helvetici 7.

1936 Goethes Stellung zur Mathematik. Congrès International des Mathématiciens. Oslo.

— Struktur der Axiome der projektiven Geometrie. Congrès International des Mathématiciens. Oslo.

1937 Die Finslerschen Arbeiten zur Grundlegung der Mathematik. Commentarii Mathematici Helvetici 10.

1940 Räumliche Gestaltung durch die Vierzahl. Mathematisch-Astronomische Blätter 1. Dornach.

— Der goldene Schnitt im Rahmen der projektiven Geometrie. Mathematisch-Astronomische Blätter 1. Dornach.

— Einige konforme Abbildungen. Mathematisch-Astronomische Blätter 2. Dornach.

1941 Zur mathematischen Erfassung des Gegenraumes. Mathematisch-Astronomische Blätter 3. Dornach.

1942 Nachwort (enthält wichtige Ausführungen über lemniskatische Bewegungen). Mathematisch-Astronomische Blätter 4. Dornach.

1946 Mensurieren und Generieren. Elemente der Mathematik, I, 4.

1952 Wie viele regelmäßige Polyeder gibt es? Archiv der Mathematik, Vol. III.

1953 Natürliche Umformung einer Kurve in ihre Evolute. Elemente der Mathematik VIII, 4.

— Bilder zur Geometrie der regelmäßigen Figuren. Elemente der Mathematik VIII, 5.

1954 Entdecken oder Erfinden? Elemente der Mathematik IX, 2.

1955 Die 12 Nabelpunkte des Ellipsoides. Elemente der Mathematik X, 3.

— Konstruktionen des Dodekaeders und Ikosaeders. Elemente der Mathematik X, 4.

1956 Wie man aus einer Kugel zwei zu ihr kongruente herstellen kann. Elemente der Mathematik XI, 2.

— Merkwürdiges vom Kontinuum. Elemente der Mathematik XI, 3.

1957 Die Gliederung des projektiven Punktraumes durch sechs Ebenen (aus «Raum und Gegenraum»). Elemente der Mathematik XII, 2.

— Eine Grundübung zum Erfassen des Gegenraumes. Sternkalender. Dornach.

1958 Kleine Übung an Eiformen. Sternkalender 1958/59. Dornach.

1959 Die Reihe der natürlichen Zahlen als Geist-Kunstwerk. Sternkalender 1959/60. Dornach.

— Bemerkung über die Verteilung der Primzahlen. Elemente der Mathematik XIV, 1.

1961 Ein einfacher Bogen. Das Goetheanum, 40. Jg., 24.

— Vom einfachen Bogen zum Oval. Das Goetheanum, 40. Jg., 28.

— Von den Spiralenbögen. Das Goetheanum, 40. Jg., 31.

— Wellen, Schleifen und fortschreitende Lemniskaten. Das Goetheanum, 40. Jg., 32.

— Wendestellen, Spitzen und Schleifen. Elemente der Mathematik XVI, S. 111—113.

— Von der Gedankenlosigkeit in der Behandlung der Mathematik. Elemente der Mathematik XVI, 5, 6.

1962 Von der Gedankenlosigkeit in der Behandlung der Mathematik. Elemente der Mathematik XVII, 1.

— Neue Gestaltungen in der Behandlung der Mathematik. Elemente der Mathematik XVII, 2.